KB273114

경험수집가의
시대

청림출판

의미, 재미, 상징을
수집하는
새로운 소비 인류

송수진 지음

경험수집가의 시대

청림출판

한 그루의 나무가 모여 푸른 숲을 이루듯이
청림의 책들은 삶을 풍요롭게 합니다.

서문

직업상 청년을 늘 만난다. 나는 한국의 청년이 좀 더 특별하다고 생각했다. 기대 수준이 높고 오감이 발달해 있달까. 소비자를 만족시킬 상품과 서비스를 개발하는 업을 돕는 마케팅 분야 교수로서, 이 한국 청년(KZ)을 만족시킬 수 있는 상품과 서비스라면 세계 어디서나 통할 수 있겠다고 생각했다. 사실 K-팝, K-콘텐츠 등 우리나라가 세계 문화의 중심에 선 이유도 어쩌면 이런 예민하고 감각이 우수한 Z세대, 까칠한 Z세대를 마주하고 있기 때문인지도 모르겠다.

이 책을 통해 내가 만난 Z세대를 독자들께 소개해드리고 싶었다. 새 시대의 주인공 격인 사람들, 새롭게 첫발을 떼온 이들은 늘 있었다. 그런 사회초년생, 이제 막 우리 곁에 나타난 사람들을 이해하고 싶은 욕망도 또 늘 있었다. 나와 다른 사람이란 늘 호기심을 자극한다. 우리는 우리 자신도 이해하고 싶지만, 우리가 모르는 이질적인 존재 또한 알고 싶어 한다.

이들을 이해하는 것은 단순히 지적 호기심을 채우는 일만은 아닐 것이다. 이들을 학생으로 만나는 대학, 대학원, 중고교 현장과 사교육계는 잘 가르치기 위해서라도 이해해야 할 것이다. 이 청년들은 곧 소비 현장의 거대 세력이 될 테고 지금도 새로운 소비문화를 이끄는 첨병 같은 이들이기에, 비즈니스 및 산업계도 필수적으로 이해해야 한다. 그들은 '우리는 모르는 것', '그들만 아는 것', 혹은 '그들끼리만 알고 싶은 것'을 만들고 향유하며 산다.

정치 사회계는 어떨까? 해마다 이들을 걱정하는 사람만 늘고 있다. 저출산 정책, 병영모집 정책, 연금 정책, 노후 대책, 취창업 정책을 새로 고안해낸다. 이 정책이 핵심적인 대상으로 삼는 사람들의 생각도 모르고 좋은 제도를 만들 수 있을까?

소비자 심리를 경제경영 분야 종사자뿐만 아니라 교육계, 사회계, 정치계까지 알아야 하냐, 소비자행동이 정치 사회계에도 통찰을 더할 수 있겠냐 반문할 사람도 있겠다. 이 책 한 권으로 전 분야에서 청년을 이해할 수 있는 통찰을 얻게 될 리는 만무하다.

그럼에도, 그 청년들의 세상을 관찰하는 틀, 이해하는 과정으로서는 미약하나마 역할을 할 것으로 기대한다.

　나는 이들을 '좋게' 본다. 아무리 중립적인 관점을 갖춘다고 해도 상대를 바라보는 시선에는 가치관이 담긴다. 궁금히 여기는지, 이상히 여기는지, 우호적인지, 공격적인지, 귀하고 중요하게 여기는지, 못마땅하고 하찮게 여기는지 희미하게나마 가치관은 보는 이의 시선에 렌즈처럼 담긴다. 바라보는 이의 시선이 긍정적인지 부정적인지에 따라 결과물을 해석하는 색채 또한 다를 수 있음을 인정한다. 나는 완벽한 중립이나 객관성보다 조금은 긍정의 안경을 쓰고 Z세대를 관찰해왔다. 그들을 대하는 내 마음 생김새가 투영되었을 것이다. 세상과 사람을 맨눈으로 정확히 보기는 어렵고 어차피 안경을 쓰고 볼 수밖에 없다면 그들을 인격적으로 대등하게 보고자 했고, 그래서 조금 더 긍정의 어조로 표현했을 수 있다.

　본문에서 나는 Z세대를 '존중하는 세대'라고 칭한다. 이에 대한 반론이 떠오르지 않는 건 아니다. 젊은 세대가 보이는 혐오는 무엇이냐, 사람들을 한두 가지 특징만으로 구별 짓고 가르는 Z세대도 많은데 그들의 행태는 무엇이냐, "MZ가 MZ 했다"고 비아냥거리는 말도 많이 들리는데 이 글에 등장하는 MZ들은 뭐가 얼마나 다르겠냐, '존중하는 세대'라고 부르지만 그렇지 않은 특성도 있지 않겠느냐는 의견에 동의한다. 책에서는 이들에게 새롭게 나타난 부분, 유난히 도드라진 부분을 중심으로 보았다. A부터 Z까지 빠짐없이 전부를 나열하면 관찰의 목적을 이루지 못한다. 생략과 응축이 현상을 관통하는 줄거리를 제공한다. 생략되는 부분은 생기겠지만, 남다른 특징을 포착하며 관찰할 때 얻는 것이 있다. 응축을 통해 핵심과 새로운 통찰을 얻는다. 그런 관점에서 읽어봐주시면 좋겠다.

보통 논문을 쓸 때 제한 조건boundary condition을 달곤 한다. 이 서문이 논문으로 치자면 제한 조건이나 마찬가지다. 사람이 흑백으로 나뉘지 않는 것처럼 이 책의 묘사가 모든 상황에 들어맞지는 않을 것이다. 이 책에서 묘사한 특징이 인구통계학적 구분에 따른 특정 세대에만 나타나는 것도 아니다. 즉 젊다고 해서 다 이런 것도 아니고 기성세대라고 이러지 않는 것도 아니다. 오히려 '지금 이 시대'를 최대로 사는 중장년, 노년층이 이 책에서 묘사한 청년과 유사한 행태를 보일 수도 있다.

나보다 나이가 많은, 아니 사실 한참 많으신 대학원 원장님인 교수님은 '스터디 위드 미'의 변형 버전을 창조해 사용하시곤 한다. 이분은 책 쓰기, 논문 쓰기 등 지루한 혼자만의 글쓰기를 직업적으로 해야 하는데, 어른이라도 늘 즐겁게 일하기는 어렵지 않겠는가. 본인을 강제할 용도로 글쓰기 과정을 유튜브에 공유하며 작업을 하신다. '라이트 위드 미Write with Me'로. 이분은 기성세대일까, Z세대일까.

나이로 세대를 구분하는 건 이 책의 목적은 아니다. 그보다는 '지금을 사는 사람들'을 알기 위해, 소개하기 위해 쓴 책이라는 게 더 정확한 표현이다. 그럼 이 책에서 말하는 행태와는 다른 사람들은 지금을 살지 않는 거냐고 묻는다면 그 또한 맞지 않다. 이전부터 계속해오던 일, 관습, 소비행태, 모습, 문화 양식은 지금껏 계속해왔기에 굳이 오늘날의 특징으로 포착해 알아볼 필요가 없을 뿐이다. 우리에게 새로운 함의를 주진 않으니 굳이 설명해야 할 필요가 없다. 이는 우리가 새롭게 고민해야 하는 요소, 혁신의 시발점, 고객의 미충족 요구와 그에 제대로 부응하지 못하는 기업전략의 문제점을 찾는 데 있어 큰 도움을 주지 않는다.

따라서 '지금을 사는 사람들'을 알아보고자 할 때는 이전과 달리 새롭게 대두된 소비문화적 특성, 사람들의 시간 사용 방식, 관계 맺기 방식, 자기 표출 형태, 금전 지출 변화, 의식, 무의식적 관심사의 이동, 의견, 활동을 살펴야 한다. 이만하면 꽤 많은 면책 조항disclaimer을 나열한 것 같다. 진의를 이해해주시리라 믿는다.

끝으로 내게 젠지Gen-Z가 무엇인지 보여준 소중한 사람들에게 감사를 전한다. 연구원 송채원, 우채연, 이건, 박형준, 최윤서, 정세연, 배지예, 조민제, 정수현, 남휘원 그리고 본격적 젠지의 반열에 선 딸 아린에게.

차례

경험수집가란 누구인가

무엇으로 경험수집가의 마음을 얻을 것인가

경험수집가란 누구인가

사람들을 세대별로 묶어 이야기하는 것에 대한 찬반양론이 끊이지 않는다. 동일 세대라는 이유만으로 같은 특징을 보인다고 할 수 있는지, 세대가 다르면 서로의 특성을 전혀 공유하지 못하는지 등 근본적인 질문이 이어진다. 하지만 세대별로 묶어 관찰하는 시도에는 그 자체로 유효한 이점이 있다. 단순하고 편리해서 세대를 쉽게 구분해 이해할 수 있도록 돕는다.

세대로 묶어 분류하는 시도는 고유성을 가진 개인을 하나의 집단 안에 넣어 해석하려는 것이기에 종종 오해를 일으키기도 한다. 그렇지만 각 세대에는 그 세대 나름의 생활 방식, 주어진 도구, 공유하는 사회문화적 사건, 유행하던 음악과 영화, 행동 양태나 소비 습관이 분명히 있고, 이에 따른 분류는 서로 다른 환경에서 자란 세대의 차이를 더 잘 이해하도록 돕기도 한다. 동일 세대 안에서도 개인별 차이는 물론 존재하지만, 그럼에도 X세대와 베이비부머 세대의 차이, 혹은 베이비부머 세대와 밀레니얼 세대의 차이와 같이 세대 간의 뚜렷한 특징을 연구하며 통찰을 얻을 수 있다면, 세대별로 구분해 관찰하는 시도는 여전히 유용하다.

이러한 논의를 차치하고라도 나와 다른 세대의 특징을 살피는 일은 본질적으로 흥미롭다. 마치 Z세대를 이전에 만나지 못했던 남미의 종족을 대하듯, 대륙을 횡단하다 처음 마주친 신세계 사람들을 대하듯, 인류학자의 호기심 어린 눈으로 관찰하게 되기 때문이다. 물론 Z세대는 "왜 우리를 관찰하냐, 나는 관찰당하는 게 싫다"라고 반발할 수도 있다. 음, 그럴 수 있겠다. 그런데 이건 동물원과 관객 사이의 일방적인 관찰 개념이 아니다. 오히려, 선망하는 아이돌을 바라보는 팬의 관찰에 더 가깝다.

Z세대를 마주한 나의 첫인상은 "귀엽다"였다. 성인인 Z세대는 기분 나빠할 수도 있지만, 이는 진지한 호감과 존중을 담은 감정이다. 나의 자녀와, 해마다 만나왔고 만나고 있는 대학교의 1학년 학생들도 Z세대다. 이들을 만날 때마다 '특이하게 귀엽다', '특이해서 귀엽다'라는 뜻의 영어 단어 'quirky'가 떠오른다. 이 단어는 기본적으로 '특이하다 unusual', '별나다 odd'의 의미를 지니지만, 긍정적인 맥락에서 그게 매력적이라거나 흥미롭다는 것을 표현할 때도 사용된다. Z세대 특유의 유머감각이나 행동 패턴을 보면 그런 느낌이 자주 떠오른다. 제자이자, 자녀, 혹은 동료이자 파트너 그리고 시민 사회의 새로운 구성원이자 문화를 가르쳐줄 선생님이기도 한 Z세대는 과연 어떤 생각을 하고 살까? 지금부터 한번 그들을 진지하게 분석해보자.

Z세대가 보여주는
관계의 새로운 기준, '존중'

나는 Z세대를 '존중의 세대'라고 부른다. 많은 이들이 Z세대를 두고 개인주의자라고 일컬으며 우리 공동체의 결속력을 해친다고 생각한다. 하지만 나는 오히려 이 개인주의야말로 타인을 존중하는 태도에서 비롯된다고 생각한다. 기성세대(Z세대가 아닌 사람을 이렇게 통칭하고 싶지는 않지만)인 우리는 종종 관계의 경계를 '관심'이라는 이름으로 쉽게 무너뜨리지 않는가?

명절에 친지나 지인을 만나 안부를 묻는 순간, 대화는 곧바로 연애, 결혼, 출산, 자녀 계획 등 사생활 침해성 주제로 이어진다.

명절뿐만이 아니다. 직장 내 점심 식사 자리나 심지어 아이와 함께 들른 과일 가게에서조차 "하나는 외롭지 않냐", "사내아이 둘이면 엄마가 힘들겠다" 등 다른 사람의 삶에 대한 품평이 자연스럽게 시작된다. 결혼 여부, 출산 여부 등 서르의 일상에 끊임없이 간섭을 한다. 심지어 상대방의 일상에 대해 일말의 책임이나 정서를 나눌 만한 관계가 아님에도 말이다.

라면 레시피에 담긴 '존중'

얼마 전 트렌드 모니터 자료를 봤다. '나는 라면을 봉지에 쓰인 레시피대로 끓인다'라는 문장에 가장 동의한 그룹은 X세대나 베이비부머 세대가 아닌 Z세대였다. 무려 응답자의 60퍼센트가 동의했으며, 동의율이 가장 낮은 두 집단은 밀레니얼 세대와 2차 베이비부머 세대였다. 자신의 할아버지, 할머니뻘인 1차 베이비부머 세대보다도 더 높은 비율로 Z세대가 레시피 준수를 선호한다고 답한 것이다.[1]

주간 랩 미팅을 하며 학생들에게 이 설문에 관해 묻자, 그들은 "그 라면을 개발한 사람이 가장 맛있게 먹는 방법을 알겠죠. 그러니 레시피대로 먹는 게 제일 맛있습니다"라고 당연하다는 듯 반응했다. 이는 우리가 흔히 생각하는 '반항적인 젊은이'의 표상과는 거리가 멀다. Z세대 역시 '짜파구리'처럼 새로운 조합을 즐기지만, 이들은 창작자의 의도를 지키고 존중하는 태도를 가장 선호한다.

'나'와 '전문가' 모두를 존중하는 실용주의

Z세대는 '나도 존중하고, 타인도 존중'한다. 내가 존중받길 원하는 만큼, 다른 이의 선택(출산/미출산, 결혼/비혼, 비건 라이프스타일, 반려 생활 등) 역시 그 나름의 이유와 감성이 있음을 인정한다. 심지어 반려 돌을 키우는 사람도 그 나름의 이유와 감성이 있겠거니 생각하며 존중하고 산다.

이렇게 모두를 존중하니 '전문가라고 특별히 대우하지는 않겠지' 싶지만, 놀랍게도 전문가 역시 존중한다. 라면만큼은 개발한 사람이 가장 잘 안다는 실용적 신뢰를 바탕으로, '4분 30초 끓이기, 물 양은 450ml로 맞추기' 등 라면 봉지 뒷면에 적힌 매뉴얼에 따른 그들의 제안을 수용하고 선호한다.

퍼스널컬러를 진단받고 아이템을 추천받을 때도 마찬가지다. 단 기준이 다르다. 기성세대처럼 학위에 전폭적인 지지를 보내는 것이 아니라 성과를 기준으로 인정할 만하다고 판단되면 그의 의견을 신뢰하고 따른다. 구독자 수백만을 보유한 메이크업 아티스트 이사배처럼, 확실한 비포/애프터 영상으로 실력을 증명하는 사람을 전문가로 인정하고 그 조언을 따르는 것이다. 그런 사람이 화장기 없는 내 얼굴에 색이 다른 옷감을 들이대며 "웜톤이다", "쿨톤이다", 혹은 "겨울 쿨톤이다"라고 알려주면 눈으로 확인 가능한 성과를 바탕으로 신뢰를 보낸다.

이처럼 Z세대가 인정하는 전문가의 영역은 박사학위, 의사, 변호사처럼 전통적인 자격증 영역에 국한되지 않는다. 새로 생긴 맛집을 무조건 가보는 사람, 신제품을 리뷰하는 IT 유튜버, 화장 마니아도 전문가로 인정한다. 세계 각지를 저렴한 비용으로 돌아다녀본 사람, 젊은 나이에 주식이나 부동산 투자를 잘해 경제적 자유를 얻은 사람처럼 '그 길을 먼저 가본 사람'이라면 전문가로서 인정하고 신뢰한다.

각종 화장품에 대한 비교 리뷰에 있어서는 유명한 연예인이나 아름다운 셀럽, 미용학과나 메이크업 학과의 교수가 아닐지라도, 실제 다양한 화장품을 직접 사서 사용해본 경험이 많고, 이를 사람들과 공유하며 의견을 나누는 인플루언서의 말을 신뢰한다. Z세대는 이처럼 실제 제품을 사용해보거나 자신보다 그 길을 먼저 걸어본 선배들의 경험담, 후기, 조언을 묻고 따르는 경향이 강하다.

이러한 Z세대에게 대학교 수강 신청 전 수강 후기 분석은 필수다. 대학생 커뮤니티 '에브리타임(에타)' 등에는 학기 중 교수

품평, 성적 평가, 수업 진행 방식 등 직전 학기 수강생들의 경험담이 올라온다. 이 경험담은 '내가 지난 학기에 이 수업을 들었고 이런 점수를 받았다'는 정확한 근거를 바탕으로 작성되며, 학생들은 선배들의 이러한 경험을 길잡이 삼아 아직 만나보지 못한 교수님들을 가늠하는 길잡이로 삼는다.

MBTI 유행이 틔운 '다양성의 물꼬'

"너 ENFP야?"
"내향형이야?"
"너 T야? 나는 F야."

Z세대는 만나자마자 MBTI 타입부터 묻는다. MBTI가 과학적인가, 사람의 성격을 열여섯 가지 유형으로 분류할 수 있는가, 되려 자신을 어떤 유형으로 규정해서 한계를 만드는 것은 아닌가까지 여러 가지 비판이 제기돼왔다. 나도 동의한다. 그러나 MBTI 유행이 한국 사회에 가져온 한 가지 장점만큼은 부정하기 어렵다. 바로 우리 사회에 다양성의 물꼬를 터주었다는 점이다.

Z세대가 MBTI 타입을 묻는 것은 상대의 성향을 판단하거나 규정하려는 의도가 아니다. 오히려 반대다. '당신이 어떤 성향

이든 미리 존중할 준비가 되어 있다'는 신호다. 있는 그대로 수용하고, 한 발 더 나아가 그에 맞춰주기 위해 묻는다.

한때는 내향형을 "부끄러움 많네", "소심해서 뭐가 되겠냐"고 판단했고, 외향형을 "너무 나댄다"고 규정했다. 정해진 성격 기준에서 벗어나면 지적당하는 문화였다. MBTI 유행은 이 굳은 틀을 완화했다. 내향형도 외향형도 모두 그저 하나의 특질일 뿐, 누가 옳고 그른 것이 아니라는 시각을 가질 수 있게 도와주었다. 감정이 풍부하고 표현을 잘하는 사람도, 논리적으로 사고하고 판단하는 사람도 서로에게 없는 것을 부족함으로 인식하기보다 저마다의 특징으로 여기고 받아들일 수 있게 되었다. 그래서 서로 이해하기가 더 쉬워졌고 스스로를 있는 그대로 존중하는 분위기도 형성되었다. 서로 다른 성향을 부족함이 아니라 차이로 받아들이는 사회적 감각이 생긴 것이다. 이는 Z세대가 만들어낸 변화다.

그들은 조용히 그러나 꾸준히 우리 사회의 기준을 바꾸고 있다. 타인의 경계를 함부로 넘지 않으며, 기존보다 넓은 시야로 삶의 선택지를 살피고, 경험 기반의 전문성을 인정하며, 성향의 다양성을 자연스럽게 받아들인다. 이는 회피나 무관심이 아니라 성숙한 존중의 방식이다. Z세대는 미래가 아니라 이미 '현재'를 재정의하고 있다. 그들이 보여주는 존중의 문법은 더 나은 관계를 만들기 위해 우리가 배워야 할 새로운 기준일지 모른다.

‘자기 기준’으로
멋을 정의하는 사람들

‘키치Kitsch’는 본래 ‘저급한’, ‘저속한’, ‘싸구려 예술’을 가리키는 용어였다. 여기에는 고가의 예술품을 값싸고 빠르게 복제해 상업적으로 팔았던 모조품 예술을 비꼬는 부정적 뉘앙스가 담겨 있었다. 그러나 Z세대는 이 단어의 의미를 달리 해석한다. 수업을 듣는 학생들에게 이 단어의 의미를 물으니 이렇게 답했다.

“너무 하찮고 특이해서 힙한 것 it's so bad but that it's so cool?”
“약간 귀여움, 미국의 하이틴, Y2K 복고 트렌드가 섞인 것

경험수집가의 시대

을 말하죠."

"트렌드와 다른 차별적, 반항적, 저항적 성격을 드러내는
감성이요."

"비비드한 색감이나 캐릭터를 활용해 나만의 개성을 드러
내는 수단으로도 써요."

키치함은 흔히 말하는 B급 감성과도 구별한다. B급 감성이
'웃기긴 하지만 굳이 내가 따라 하고 싶지는 않은 것'이라면, 키치
함은 '독특하되 선망하고 따라 하고 싶은 멋'이다. 실제로 SNS 해
시태그를 통해 보면 Z세대는 이 키치함이 담긴 패션과 액세서리
를 적극적으로 소비하고 공유한다는 사실을 알 수 있다. 이들이
묘사한 이미지를 담은 패션과 액세서리들이 화면을 가득 채운다.
왜 Z세대는 주류가 '저속함'으로 규정했던 것을 '멋'으로 치켜세
우는 것일까?

주류에서 벗어난 '나만의 멋'을 찾아서

Z세대는 개성을 가장 중요한 가치로 여긴다. 자기만의 것,
고유한 것, 희소한 것을 좋아한다. Z세대가 선택할 수 있는 자기
만의 것에는 무엇이 있을까? 고급, 클래식, 명품, 주류의 아름다움,

전통적인 예술품과 고가품, 이런 건 이미 선배들이 멋지다고 인정했다. 자신들만의 멋이 아니다.

Z세대는 특별한 감정을 불러일으키는 것을 멋지다고 생각한다. 화려한 색깔, 만화 같은 그림체, 특정 매력을 과하게 강조한 캐릭터, 과장된 디자인과 디테일 등은 그 자체로 강렬한 감정을 전달한다. 서로 안 어울릴 것 같은 배색에 매료되기도 한다. 그 생경함을 멋으로 느끼는 세대가 바로 Z세대다. 무엇보다 "그건 안 어울려. 촌스러워. 이상해"라고 주류가 규정하고 딱지를 붙여둔 이미지에 Z세대는 되려 '신선한 멋짐, 힙함, 일종의 아름다움'이 있다고 평가한다. 그 이미지가 주류 질서에서 벗어나 '자기만의 세계를 구축해낸 것'이기 때문이다.

복고와 이질감에서 찾은 저항과 힙함

Z세대는 복고Retro도 좋아한다. 복고 역시 트렌드에서 비껴 있는 이전의 것이라 '촌스럽다'고 불리기 딱 좋다. 그런데 이전 것을 재해석해서 현재에 적용하면, 풍성한 문화로 재탄생된다. '복고풍'이라는 새로운 유행이 생겨난다. 예를 들어 시골에서 김장할 때 입는 옷에나 들어갈 법한 새빨간 꽃무늬 패턴은 어느덧 십 대/이십 대의 키치룩 안으로 스며들었다.

경험수집가의 시대

이 키치룩이 놓인 장소는 시골이 아닌 도시의 '감성 카페'이며, 아날로그의 정취가 물씬 풍기는 패션이 디지털 세계의 SNS 안에서 전시되고 공유된다. 과거의 이미지와 현재의 장소 그리고 젊은 착용자라는 이질감이 신선함을 일으킨다. 누군가 자기 나이에 맞지 않게 할머니가 입을 것 같은 조끼를 입었다? 그러면 대비가 더욱 커지며 새로운 멋이 생겨난다. 그리고 그 생경함과 신선함은 셀 수 없을 만큼 많은 '좋아요'를 부른다.

Z세대는 이질적이고 생경한 요소에서 오히려 매력을 발견한다. 그들이 말하는 '키치함'은 단순히 촌스러움이나 유치함이 아니라, 낯섦에서 비롯되는 신선함과 반전의 미감이다. 시대착오적인 패턴의 옷을 입고 있어도 그걸 멋스럽게 소화만 할 수 있다면 Z세대는 그것을 "멋있다"고 말한다. 익숙함을 벗어난 이미지가 오늘의 세상과 충돌하면서 독특한 정서적 울림을 만들어내기 때문이다. 그 옷은 과거의 시간을 품고 있지만, 그것을 입고 있는 사람은 전혀 다른 시대의 현장에 서 있다.

이 지점에서 '입는 사람'-'의상'- 현재의 배경' 사이에 이중, 삼중의 상호작용이 발생한다. 과거와 현재가 충돌하고, 익숙함과 낯섦이 섞이며, 그 간극에서 '이질감'이라는 감각이 태어난다. Z세대는 바로 그 이질감을 미적으로 받아들인다.

이러한 키치의 감각은 단순한 패션의 문제가 아니다. 과거의 비주류 이미지를 오늘의 주류 문화 속으로 끌어올려 하나의 발

언으로 만든다. 예상 밖의 요소를 과감하게 소화해내는 방식 자체
가 작은 저항이며, 그 저항이 곧 반항과 힙함, 그리고 새로운 멋으
로 이어진다. 키치는 Z세대에게 단순한 복고가 아니라 시대 간 충
돌을 즐기는 태도 그리고 주류를 다시 질문하게 만드는 하나의 표
현 방식이다.

다양성을 품는 유동적 자아와 개별성 사랑

대략 1995년 혹은 연구자에 따라 1997년부터 2012년 사
이 태어났다고 표현하는 Z세대는 우리나라에서 다양성을 가장 적
극적으로 환영하는 세대다. 이들은 '너는 너, 나는 나'라는 말에 단
순한 구분을 넘어, 삶의 선택과 경계를 존중하는 태도를 담는다.
누군가의 인생에 함부로 개입하는 것을 무례함으로 받아들이고,
같은 이유로 타인의 사생활에도 쉽게 간섭하지 않는다.

이 태도는 온라인에서 더욱 분명하게 드러난다. Z세대는
하나의 계정으로 자신의 모든 관계와 역할을 담을 수 없다고 생각
한다. 공개 범위와 목적에 따라 여러 개의 인스타그램 계정을 운
영하고, 각 계정마다 톤과 캐릭터를 달리한다. 가족과 소통하는 계
정, 가까운 친구들만 초대된 계정, 취향을 기록하는 계정이 각각
다른 '버전의 나'를 드러낸다.

학기 초에 어떤 옷을 입고 학교에 갈지 고민하며 '개강룩'을 찾아보고, 그 선택 과정을 SNS에 올려 여러 사람의 의견을 나누는 것도 같은 맥락이다. Z세대에게 자아란 하나의 고정된 실체가 아니라, 상황과 역할에 따라 조정 가능한 유동적 형태다. 이는 새로운 모습을 꾸며낸다는 뜻이 아니라, 이미 자신 안에 있는 특질 중 특정 면을 맥락에 맞게 더 적극적으로 구성화해 표현하는 과정이다.

바로 이 유동적 자아관은 타인을 대하는 태도에도 영향을 미친다. 내가 여러 모습을 가질 수 있듯, 타인 역시 각기 다른 맥락과 얼굴을 가진 존재라는 사실을 자연스럽게 인정하게 되는 것이다. 그 결과 Z세대에게 '다양성 존중'은 특별한 가치가 아니라 일상적 태도에 가깝다.

이러한 Z세대는 개별성Individuality & Uniqueness을 강조하는 브랜드와 제품을 사랑한다. 자기 개성과 취향을 드러낼 수 있다면 기꺼이 추가 비용을 지불할 의향도 있다. 앞서 살펴본 '키치'의 감각 역시 여기에 맞물린다. 원래는 복제 예술을 조롱하는 의미로 쓰이던 키치가, Z세대의 손에 오면 자신만의 개성을 표현하는 하나의 방식으로 다시 자리 잡는다.

과거와 현재가 충돌하는 이미지, 주류와 비주류의 경계를 흐리는 조합, 시대착오적인 요소들이 만들어내는 그 낯섦과 이질감—Z세대는 바로 그 지점에서 멋을 발견한다. 이들에겐 키치가

새로운 개념이 아니라, 다양성을 환영하는 태도와 유동적 자아를
표현하는 자연스러운 확장선인 셈이다.

경험수집가의 시대

너와 나의 다름이
취향이 될 때

인스타그램을 살펴보면 묘하게 눈길을 끄는 계정들이 있다. 유명인도, 인플루언서도 아닌데, 자신의 취향을 어색할 만큼 솔직하게 드러내는 이들이다. 모든 사진에 빨간 사슴코를 붙인다거나, 특별한 감정도 없이 그저 라면을 먹는 장면만 올리는 식이다. 이런 콘텐츠는 기존의 '예쁘고 멋진' 이미지와는 거리가 있다.

흥미로운 것은 그들을 둘러싼 시선이다. 누군가는 조롱하거나 불편해할 만도 한데, 실제 반응은 전혀 다르다. "이 감성 모르면 나가주세요" 같은 말들이 댓글에 달리고, 특이한 취향을 가진 사람을 향해 지켜주듯 말하는 분위기가 형성된다. 누군가의 기묘한 취향을 '이해해야 하는 것'으로 요구하는 것은 아니지만, 적어도 흠잡을 이유가 없다는 집단적 합의가 존재한다.

이 관계의 결은 독특하다. 완전한 놀림도 아니고, 그렇다고 무조건적인 추앙도 아니다. 어쩌면 '따뜻한 놀림'에 가까운 정서다. "나는 저렇게 하기 어렵지만, 저 사람은 한다"는 마음, 자기 취향을 솔직하게 드러내는 사람에 대한 작은 존중, 그리고 그 꾸준함에서 느껴지는 진정성까지 섞여 있다. 댓글로 재치 있게 대화를 이어가는 사람들 역시 그 안에서 조용히 소속감을 느낀다. 자신이 직접 그렇게 강하게 개성을 표현하는 콘텐츠를 만들 자신이 없다 해도, 그 콘텐츠를 둘러싼 농담을 주고받으며 또 하나의 세계를 함께 만들어가는 것이다. 서로 이해하는 사람들끼리 작은 서브컬처를 만들어가는 풍경은 Z세대의 '개취(개인 취향) 존중'이라는 정서를 그대로 보여준다.

Z세대가 조용하고 여유 있게 말하는 크리에이터들을 선호하는 것도 같은 흐름 위에 있다. 강한 주장이나 정답을 강요하는 말보다는, 다름을 있는 그대로 두는 이야기 방식이 더 편안하기 때문이다. 취향이 파편화된 시대를 살아가는 이들에게는 "너도 맞고 나도 맞다"는 말보다 더 안전한 공간은 없다.

확장된 경험이 만든 다양성 감각

　다름을 존중하는 태도는 자연스레 다양성의 감각을 넓힌다. 단일 민족이라는 정체성을 오래도록 강조해온 우리 사회는 오랫동안 '다른 것'을 받아들이는 데 인지적 제한이 있었다. 다양한 의견과 태도, 서로 다른 삶의 방식이 공존해온 경험이 부족했기 때문이다. 그래서 어떤 차이를 보고 듣고 말하고, 그것을 인정하고 수용하는 데까지 이르는 과정이 늘 어려움을 동반했다. Z세대는 이 지점에서 다른 태도를 보인다. 다양성을 적극적으로 찬양하는 '셀러브레이션 celebration' 단계까지는 아닐지라도, 최소한 서로가 다르다는 사실을 인정하는 세대다.

　과거에는 동일한 지역과 환경에서 살아가는 사람들의 모습만 보고 자라며 그 상태를 '정상'이라고 여기기 쉬웠다면, 지금은 유튜브나 인스타그램만 켜도 지구 반대편 누군가의 삶이 실시간으로 펼쳐진다. 단 몇 초 만에 접속할 수 있는 세계가 너무 넓다 보니, Z세대의 정상 범위는 기성세대보다 훨씬 크고 유연해졌다. SNS를 통해 접한 간접 경험은 '이런 삶도 존재한다'는 감각을 빠르게 넓혔고, 이 확장은 단순한 정보 습득의 증가라는 수량적 차원을 넘어 가치관의 지평까지 넓혔다. 그러나 이것이 다양성 감각이 발달한 이유의 전부는 아니다.

　오늘날 해외 경험은 더 이상 특별한 이벤트가 아니다. 과거

대학생들이 배낭여행을 통해 처음 해외를 경험했던 것과 달리, 지금은 초등학교 교실 개학식에서 "이번 방학에 어느 나라를 다녀왔나요?"라는 질문이 자연스럽게 오간다. 교사가 러시아 발레단 공연을 보고 왔다고 말하고, 학생들은 세부나 발리, 베트남, 싱가포르, 중국, 미국, 영국까지 다양한 나라를 언급한다. 경제 사정에 맞춰 말레이시아나 필리핀, 캐나다에서 한 달 살기 활동을 다녀오는 것도 적잖이 벌어지는 일이다. 대학생들은 방학이 아니어도 연휴 며칠이 이어지면 일본이나 대만도 훌쩍 다녀온다.

즉 SNS로 접한 세계의 간접 경험뿐 아니라, 소득 수준과 문화 수준의 향상, 대중화된 비행 탑승과 저렴해진 항공권 등은 새로운 세대들이 직접 다른 나라를 보다 자주, 빠르게 경험하도록 만들었다. 풍부하고 세밀한 직간접 경험은 다른 가치관과 라이프스타일을 어릴 때부터 자연스럽게 목격하고 받아들이게 했고, 미디어와 학교 교육에서 강조해온 '다양성을 존중해야 한다'는 메시지가 이 감각을 더욱 단단하게 만들었다.

다양성의 수용 과정은 보통 '인지Awareness'에서 시작해, '인정Acknowledgment', '수용Acceptance', '존중Respect', '환영Celebration'으로 이어진다. 이 경로로 보자면 한국의 Z세대는 이미 인지와 인정의 단계를 넘었고, 상당 부분 수용과 존중의 단계에 진입해 있다. '너도 나처럼 생각하고 느껴야 한다'는 강요 대신, 저마다의 맥락과 이유를 고려하는 태도가 자연스럽게 자리한다. 이러

다양성의 수용 과정 5단계

단계	과정	핵심 태도	Z세대
1단계	인지 (Awareness)	차이가 존재함을 아는 단계	
2단계	인정 (Acknowledgment)	차이를 사실로 받아들기는 단계	
3단계	수용 (Acceptance)	나와 다르다고 틀린 것이 아님을 수용하는 단계	진입 및 정착 중
4단계	존중 (Respect)	개별적 맥락과 이유를 가치 있게 여기는 단계	진입
5단계	환영 (Celebration)	다름을 즐기고 축하하는 단계	

한 다양성 감각은 단순히 가치관이나 식습관의 영역을 넘어, 투자 방식과 소비 방식, 여가의 취향과 일상을 꾸리는 방식까지 전반적으로 침투해 있다.

취향이 확장되는 방식

게임을 둘러싼 인식만 보더라도 세대 간 태도 차이는 뚜렷하다. 부모 세대가 "게임 그만하고 공부해라"라고 말했다면, 그 다음 세대는 "나는 안 하지만 너는 게임을 하는구나"라고 일정한 거리를 두었다.

오늘의 Z세대는 훨씬 다층적이다. 게임을 직접 하는 사람도 있고, 플레이는 하지 않더라도 경기를 보는 것을 좋아하는 사람도 있으며, 게임 리뷰나 분석 콘텐츠를 즐기거나, 경기의 흐름을 토론하는 데서 재미를 느끼는 이들도 있다. 즉 직접 게임을 하지 않지만 e스포츠 대회를 콘서트 보듯 직관하는 사람도 있고, 게임은 하지 않지만 관련 창작 플랫폼에서 아이템을 제작해 판매하는 사람도 있다. 이렇게 되면 게임과 관련된 사람의 폭은 플레이어를 훨씬 넘어선다. 관찰자, 분석가, 크리에이터, 굿즈 기획자, 대회 참여자, 게임 캐릭터 기반의 콘텐츠 제작자, 그 콘텐츠를 소비하는 사람 등 모두가 이해관계자로 포함된다.

게임 하나만 들여다봐도 유저와 비유저로 나누는 단순한 이분법은 의미가 없다. 각자의 방식으로 게임 세계와 관계를 맺으며, 저마다의 참여가 하나의 경험으로 인정받는다. Z세대의 이러한 인식은 뒤에서 이야기하게 될 '응용하는 세대'라는 특성과도 자연스럽게 연결된다.

패션업계에서도 이와 비슷한 풍경이 펼쳐진다. 패션을 단순히 '입는 사람'과 '만드는 사람'으로 나누기 어려운 시대다. 옷을 소비하는 사람, 패션을 분석하는 사람, 착장을 연구하는 사람, 콘텐츠로 만드는 사람, 드라마 속 주인공의 착장을 찾아 분석하는 사람, 그 패션에 어울리는 주변 소품을 제작하는 사람 등 패션을 둘러싼 참여 방식이 여러 갈래로 확장된다. 어떤 소비자는 명품 가방에 넣을 이너백을 직접 제작해 판매하고, 어떤 이들은 패션 룩을 분해하거나 재해석하여 새로운 조합을 만들어낸다. 최초의 패션 브랜드는 상상하지 못했을 방식으로 소비자들이 스타일을 재구성하며, 이 과정에서 새로운 취향의 공동체가 탄생한다.

고프코어룩, 발레코어룩, 블록코어룩과 같은 연속적인 유행은 이러한 응용력이 만든 작은 사례들이다. 고프코어룩만 해도 등산복의 기능성과 실용성을 일상에 끌어와 새로운 미감을 창출한다. 등산을 위한 소재라 편안하고, 실루엣에 여유가 있어 다양한 체형을 자연스럽게 보완해준다. 무엇보다 자연스러운 기능성이 멋으로 전환되는 과정 자체가 Z세대가 가진 유연성과 맞닿아 있다. 특정 기능을 위해 고안된 옷을 일상과 취향의 맥락에서 다시 해석하고, 어떤 상황에서도 자신을 표현하는 도구로 응용해내는 것이다.

결국 Z세대의 다양성은 단순한 '관용'의 차원을 넘어서 있다. 이들은 다름을 있는 그대로 인정하고, 그 다름을 새로운 조합과 응용의 출발점으로 삼는다. 하나의 세계를 여러 방식으로 접속하고, 각각의 방식이 그 자체로 의미를 가진다고 믿는다.

Z세대의 다양성 감각은 세계가 더 복잡해져서가 아니라, 서로 다른 가능성이 함께 놓여 있을 수 있다는 사실을 어린 시절부터 자연스럽게 경험했기 때문에 더 단단해졌다. 그들의 태도는

차이를 문제로 삼지 않고, 차이를 통해 세계를 확장시킨다. 이는 우리의 사회가 앞으로 어떤 방향으로 변해갈지를 조용하게, 그러나 분명하게 보여주는 장면이다.

경험수집가의 시대

유튜브를 CCTV로 쓰는 응용형 소비자의 등장

Z세대의 특징 중 하나는 무언가를 주어진 용도대로만 사용하지 않는다는 점이다. 특히 유튜브는 이들의 응용력이 얼마나 높은지를 잘 보여주는 대표적 사례다. 원래 유투브는 정보를 공유하고, 재미를 나누고, 의견을 나누거나 감정적 교류를 하는 플랫폼이었다. 그러나 이런 사용 범주 어디에도 손하지 않는 영상들이 오늘날 유튜브 안에서 높은 존재감을 갖는다. 바로 '스터디 위드 미 Study With Me' 영상이다.

겉으로 보면 스터디 위드 미는 단순하다. 누군가가 책상 앞에 앉아 공부하는 장면을 실시간으로 송출하는 것뿐이다. 먹방이나 ASMR처럼 시청자에게 어떤 감정적 경험이나 대리 만족을 제공하는 장르도 아니며, 유튜버가 재미와 유익을 구독자에게 전달하기 위해 기획한 콘텐츠도 아니다. 그럼에도 이 영상은 젊은 세대에게 하나의 '도구'로 자리 잡았다.

카페에서 공부가 잘되는 이유는 단지 백색소음이나 커피 향기 때문만은 아니다. 다른 사람의 시선이 나를 느슨해지지 않게 만들며, 공공의 공간에 존재한다는 사실이 일종의 몰입 장치처럼 작동한다.

스터디 위드 미는 이 감각을 집 안으로 들여온다. 화면 속 누군가가 나를 지켜보고 있다는 감각, 그리고 나 역시 카메라 앞에서 공부하는 사람이라는 상황이 의도적 긴장감을 부여한다. 마치 유튜브를 자발적 CCTV처럼 활용하는 셈이다. 외부의 침입자를 감시하기 위한 CCTV가 아니라 타인이 나를 감시하도록 허용함으로써 스스로를 구속하는 CCTV, 목적은 오직 '나의 학습 효율을 높이기'이다. 그리고 타인의 존재가 주는 무언의 압박, 같은 목표를 향해 나아간다는 연대성까지 이 학습 장치에 자연스럽게 덧입혀진다.

이 영상의 본 목적은 타인을 위한 재미·감동·편익을 제공하는 것이 아니다. 구독자 수, 좋아요, 광고 수익은 어디까지나 부산물에 가깝다. 스터디 위드 미는 유튜브라는 플랫폼을 기존과 전혀 다른 목적을 위해 재설계한 현상이다. 이 영상을 만들고 즐기는 Z세대는 플랫폼의 본래적 기능을 넘어, 필요에 따라 새로운 목적을 창조해낸다는 점에서 독특하다.

본래 목적을 비틀어 일상을 확장하다

이 응용력은 유튜브에만 한정되지 않는다. 패션에서도 동일한 현상을 쉽게 발견할 수 있다. 요즘 등장하는 '○○코어룩'은 단순한 유행어가 아니라, 특정 기능을 위해 고안된 디자인이 전혀 새로운 용도로 재등장하는 현상이다.

발레코어룩은 발레리나의 의상을 일상으로 끌어온 패션이다. 레이스가 달린 스커트, 부드러운 실루엣의 상의, 리본 장식, 가벼운 슈즈 같은 요소는 원래 공연과 연습을 위한 기능성 디자인이었다. 그러나 Z세대는 이 요소를 머리끈, 스커트, 슈즈 등의 세부 아이템으로 나누어 일상의 감성을 표현하는 장치로 활용한다. 샤 스커트를 일상복으로 입거나 공연용으로 쓰일 것 같은 비단 리본을 옷이나 신발에 부착하고, 발레리나의 토슈즈 같은 낮은 신발을 신고 무릎까지 올라오는 양말을 착용하기도 한다.

블록코어룩 역시 운동 경기복의 세계에서 출발한다. 축구, 농구, 야구 같은 스포츠 유니폼은 원래 경기 중 실용성과 기능을 극대화하기 위한 옷이다. 하지만 청바지 위에 축구 셔츠를 조합하고, 백팩과 양말을 컬러풀하게 매칭하며 '캐주얼 스트릿 패션'으로 재해석하는 순간 그 옷의 목적은 완전히 달라진다. 경기장의 규칙과 일상의 문법을 자유롭게 뒤섞는 응용력이 만들어낸 풍경이다.

고프코어룩도 마찬가지다. 등산을 위해 고안된 소재와 실루엣을 일상복에 적용한다. 기능성을 우선한 디자인이지만, 일상에 가져오는 순간 실용성과 멋이 동시에 생겨난다. 특정 목적을 위해 설계된 옷을 상황과 맥락을 넘어 '나를 드러내는 방식'으로 사용하는 것, 이것이 Z세대가 패션을 소비하는 방식이다.

필요에 따라 목적과 쓰임을 재설계하다

이렇듯 Z세대는 상품을 주어진 기능이나 목적대로 사용하는 데서 머물지 않는다. '원래 이렇게 쓰는 것'이라는 매뉴얼을 당연하게 받아들이지 않고, 자신의 필요와 상황, 감정과 효율성에 맞게 쓰임을 다시 설계한다.

유튜브를 공부의 감시 장치로 만들고, 발레복과 경기복을 일상의 표현 도구로 끌어오고, 등산복을 도시의 캐주얼 패션으로 재편집해 입는 행위는 모두 같은 흐름 위에 있다. Z세대에게 플랫폼, 패션, 콘텐츠는 '정해진 목적의 시스템'이 아니라 '필요에 따라 변형 가능한 재료'다.

그들은 어느 한 방식에 얽매이지 않는다. 쓰임을 비틀어 응용하는 과정에서 자신만의 리듬을 만들고, 그 리듬은 새로운 취향과 새로운 사용자를 계속해서 탄생시킨다.

질문으로 '나'를 만든다

선언하듯 주장하기보다 조용히 말을 건네는 것을 선호하고, 각자의 취향을 존중하는 세대라고 말해놓고, Z세대가 '정답을 구한다'고 하면 다소 모순처럼 들릴 수 있다. 하지만 이들이 찾는 정답은 누군가가 제시하는 객관적 기준이 아니라, '나'를 더 잘 이해하기 위한 정답, 다시 말해 자기 탐색의 일부이다.

〈대학내일〉의 트렌드 미디어, '캐릿Careet'은 리포트에서 Z

세대의 욕구를 '식욕, 수면욕, 셀프 분석 욕구'라고 분석했다.[2] 농담을 곁들인 표현이지만, Z세대가 그만큼 자신에 대해 알고 싶은 욕망이 강하다는 뜻이기도 하다. 실제 설문에서도 셀프 분석 검사를 받아봤다는 응답이 90퍼센트를 넘고, 유료 검사를 시도해본 적이 있다는 비율 역시 절반에 육박했다. 프리미엄 비용을 지불하더라도 정교한 분석 서비스를 받고 싶어하는 비율도 상당하다.

이 흐름은 우리나라를 찾는 외국인 관광객에게서도 확인된다. 그들이 가장 해보고 싶어 하는 활동 중 하나가 '퍼스널 진단 서비스'다. 20만 원이 넘는 비용에도 예약이 어렵고, 영어로 진행하는 진단 서비스까지 다수 존재한다. 도대체 얼마나 인기가 많은지 직접 확인해보자 싶어서 몇 개 업체에 예약을 시도해보니, 한 달 중 예약 가능한 시간이 몇 개 남지 않았을 만큼 인기가 높았다.

소비자들은 퍼스널 컬러 진단을 '돈을 아껴주는 서비스'라고 말한다. 쇼핑을 즐기지 않은 사람들이나 시행착오에 드는 비용과 시간, 잘못 산 화장품과 옷을 버리고 다시 사야 하는 번거로움을 고민하는 사람이면, 한 번의 진단으로 시간과 실패의 비용을 줄여주는 이 서비스가 오히려 경제적이라고 느끼는 것이다. 한 번의 컨설팅으로 앞으로의 소비를 효율적으로 관리할 수 있기 때문이다.

이 흐름은 디지털 기반 산업에서도 확장되고 있다. 유튜버 '레어리'의 스타일 진단 서비스가 대표적이다. 사진 몇 장만 온라

인으로 보내면 나에게 어울리는 헤어스타일을 분석해 결과지를
보내주는 이 서비스는 매일 정해진 시간에 한정된 수량만 판매되
지만, 오픈 즉시 마감된다.

내가 가르치는 학생들 가운데도 이용해본 사람이 제법 있
었다. 직접 스타일링 서비스를 받는 것도 아니고, 대면해서 컨설팅
을 해주는 것도 아닌데 10만 원이 넘는 비용을 기꺼이 지불하고,
온라인으로 신청자가 몰리는 현상은 '전문가의 눈'을 향한 Z세대
의 신뢰가 얼마나 큰지 보여준다. 온라인 기반이니만큼 국경의 한
계도 사라져, K-뷰티에 관심을 가진 해외 소비자들까지 고객층이
확장됐다.

이 사례들이 시사하는 바는 명확하다. 소비자는 '나'에 대
한 정확한 진단을 위해 기꺼이 프리미엄 비용을 지불할 준비가 되
어 있다. 그리고 그러한 시장은 하나의 비즈니스 모델로 작동할
만큼 충분히 크다.

최고의 나를 구현하고자 하는 '추구미'

과거에는 누가 봐도 아름답고 멋진 배우와 같은 특정 인물
을 '롤모델'이나 '워너비wannabe'로 삼으며 이상적인 아름다움을
좇았다면, 지금은 그런 말을 잘 쓰지 않는다. 대신, '추구미'라는

개념이 등장했다. 단순한 신조어라기보다 심리 구조의 변화를 반영한다. 세상에는 여러 방식의 아름다움이 존재하며, 그중 '내가 되고 싶은 나의 베스트 버전'을 찾겠다는 의지가 담겨 있다.

추구미는 '보편적 기준에 나를 맞추는 방식'이 아니라, '내가 될 수 있는 수많은 버전 중 최고를 선택하는 방식'이다. 여기서 지금의 소비자가 '나.존.경(나에게 중요한 게 중요하고, 존중을 원하며, 경험을 수집한다) 세대'임이 자연스럽게 드러난다. 이 특징에는 나의 이상향을 존중해달라는 요구 그리고 당신의 이상향 또한 존중하겠다는 태도가 함께 자리한다.

롤모델은 모두가 원하는 기준에 맞춰 나를 평가하는 외부 기준으로 작동하지만, 추구미는 나를 이해하고 운영하기 위한 내부 기준으로 기능한다. 이 지점에서 추구미를 단지 '내가 좋아하는 분위기'로만 이해하는 것은 충분치 않다. Z세대에게 추구미는 취향을 넘어 선택의 원리이기도 하다. 무엇을 사느냐, 어떤 이미지를 택하느냐, 어떤 방식으로 일하고 쉬느냐까지 수많은 선택의 순간과 옵션이 매일 쏟아지는 상황에서, 모든 선택을 매번 새로 고민할 수 없다.

결국 자신만의 기준을 만들 수밖에 없다. 다만 과거의 기준은 사회가 정해둔 '단 하나의 정답'에 가까웠다면, 지금의 기준은 스스로 정의한 '나만의 정답'이다. 이때 추구미는 그 정답을 구성하는 핵심 원칙, 즉 '나라는 시스템을 움직이는 운영 규칙'이 된다.

이 변화는 '다변화된 취향과 그런 취향을 존중하는 개성 추구'이기도 하지만. 또 다른 측면도 있다. 수많은 선택지는 자유를 늘리는 것 같으나 동시에 결정의 부담과 비용도 증가시킨다. 비용은 돈만이 아니다. 시간, 에너지, 이미지, 자존감까지 포함한 총비용이 커진다. 이때 추구미는 '나를 드러내는 언어'이면서도, 동시에 시행착오의 총비용을 줄이는 전략이 된다.

추구미는 고정불변의 정체성이 아니다. 상황에 따라 일, 연애, 외모 등 각 영역에서 완전히 다르게 나타난다. 이는 정체성의 완성본이 아니라 끊임없이 수정하고 보완해나가는 '나의 베스트 버전의 설계도'인 셈이다. 소비자의 심리는 "나는 이런 사람이야"라는 고정된 선언이라기보다 "나는 이런 버전으로 업데이트 중이야"라는 유연한 상태에 가깝다. 따라서 추구미는 한 번 정하고 끝나는 고정된 규칙이 아니라, 상황과 목표에 따라 조정되는 기준이 된다. '나를 더 잘 이해하기 위한 정답'이 단 한 번의 해답으로 갈무리될 수 없는 이유가 바로 여기에 있다.

문제는, 나만의 베스트 버전을 찾기 위해서는 여러 분야의 전문성이 필요하다는 점이다. 어울리는 헤어스타일, 피부 톤에 맞는 메이크업, 체형과 분위기를 살리는 스타일링 등 수많은 선택과 판단이 필요하다. 무엇보다 어떤 것이 나에게 적합한지를 판단할 수 있는 정교한 '감별안鑑別眼'이 요구된다.

그래서 소비자들은 두 가지 유형의 전문가를 찾는다. 하나는 '인식형 전문가', 즉 나의 개별성을 정확히 파악하고 이상적인 이미지를 제안해주는 역할이다. 다른 하나는 '기술형 전문가', 즉 제안된 방향을 현실의 삶 속에서 구현하도록 돕는 역할이다.

'추구미'의 진짜 의미

한편 추구미는 철저히 개인적인 언어로 보이지만, 그 이면에는 사회적인 협상의 과정도 존재한다. 우리는 모두 관계 속에서 살아가기에, 스스로 설정한 이미지라 할지라도 타인의 해석을 통해 사회적 실체를 얻기 때문이다. 결국 추구미는 '내가 되고 싶은 나'와 '타인이 이해 가능한 나' 사이에서 끊임없이 조율하는 과정을 거친다. 이때 등장하는 핵심 태도가 존중이다. 존중은 서로 다른 추구미가 충돌하지 않고 공존할 수 있는 사회적 합의이기도 하다.

다만 경계해야 할 함정도 있다. 자기 이해를 돕는 언어는 언제든 자기 제한의 언어로 바뀔 수 있다. "나는 원래 이런 성격이야"라는 말이 나를 설명하는 동시에 나를 고정시키듯, 추구미도 어느 순간 '유지해야 하는 이미지'로 변할 수 있다. 자기 탐색이 자기 검열로 넘어가지 않으려면, 추구미를 '정답'이 아니라 가설로 다루는 태도가 필요하다. 지금의 나는 이런 버전에 가깝지만,

몇 년 뒤 혹은 다른 장소에서의 나는 달라질 수 있다는 가능성을 열어두는 것이다.

결국 Z세대가 갈구하는 정답은 단 하나의 고정된 기준이 아니다. 이들에게 진정한 정답이란 '내가 누구인지, 그리고 어떤 모습으로 바뀔 수 있는지'에 대한 더 정확한 이해다. 이러한 이해를 바탕으로, 시행착오의 비용을 최소화하면서도 자신이 선택한 베스트 버전에 더 가까이 가는 것. 바로 그 여정 전체가, 이 시대가 '정답을 구하는 새로운 방법'이 된다.

가전인가 가구인가, 소비자가 정한다

명절 연휴, 사방에서 모인 친척들 사이에서 작은 소동이 있었다. 스무 살 갓 넘은 사회 초년생 조카가 고급 세단을 몰고 나타난 것이다. 작은어머니, 작은아버지는 "독립할 준비나 집을 위한 저축을 해야지, 왜 큰 차를 사냐"고 답답해했고, 비슷한 또래의 이삼십 대 친척들은 조카의 선택을 이해하는 눈빛이었다. 왜 굳이 이 차를 샀냐는 물음에 조카는 짧게 답했다. "하차감이 좋아서요."

승차감은 익숙하지만, 하차감이라는 말은 생경했다. 그런데 어쩐지 한번 들으면 의미가 바로 와닿는다. 단순히 '신조어'

라서가 아니라, 소비자가 마음속으로 어렴풋이 가지고 있던 감정('저 차에서 내릴 때 나는 이런 느낌이다' 혹은 '누군가가 저 차에서 내리는 모습이 나에게 준 인상')이 하나의 언어로 명명됐기 때문이다.

'차에서 내리는 순간'이라는 지극히 짧은 찰나를 설명하기 위해 새로운 단어가 필요해졌다는 사실은, 소비가 기능 중심에서 감정 중심으로 이동하고 있음을 보여준다. 하차감은 차량의 이동성이나 기술적 성능과는 무관한 요소다. 그러나 소비자들은 그 순간의 자부심, 기쁨, 타인의 시선을 종합한 감정을 구매 기준으로 올려놓기 시작했다.

기능에서 감정으로 확장된 구매 기준

몇 달 전, 신상품기획 전문가를 대상으로 하는 고객 중심 사고 워크숍을 준비하며 학생들과 함께 자동차 팝업스토어 기획 아이디어를 두고 토론한 일이 떠올랐다. 당시 나와 신상품기획 워크숍 담당자는 젊은 소비자들을 이해하자는 워크숍 취지에 맞게, 젊은 세대들을 주요 고객으로 삼고 있는 캐스퍼를 대상으로 경험 설계 실습을 해보는 것이 적절하리라 생각했다. 그러나 학생들은 곧바로 의문을 제기했다.

“교수님, 왜 캐스퍼여야 하죠? 같은 가격이면 중고라도
BMW를 사고 싶어요.”

학생들 이야기는 단순히 선호를 말한 것이 아니었다. 기업
이 젊은 소비자들은 ‘예산이 적으니 소형차를 선호할 것’이라고
단정하는 프레임 자체가 이미 Z세대의 의사결정 방식과 어긋나
있다는 지적이었다.

소비자의 구매 결정 과정은 일반적으로 ‘필요 인지 → 정
보 탐색 → 대안 비교 → 구매 → 사용 → 평가’라는 흐름으로 설명
된다. 자동차 산업도 오랫동안 이 구조 안에서 이동성·편안함·연
비·주행 성능 등에 초점을 맞춰왔다. 기업이 고객을 바라보는 관
점 역시 이러한 구매 의사결정 과정과 맞물려 탑승 경험, 운전 관
련 기능에 초점을 맞춘다. 이동과 탑승 상태 외에 소비자에게 줄
수 있는 파생적 가치는 크게 고려되지 않았다. 그러나 하차감이라
는 단어가 소비자들 사이에 떠오른 이상, 이제 이전의 공식은 더
이상 핵심을 포착하지 못한다. 아래의 소비자 발언은 그 전환을
가장 명확히 보여준다.

“5월경에 토레스를 계약했습니다. 중고차와 신차, 세단과
SUV 중 어떤 차를 사야 할지 약 2개월을 고민하던 중, 여
자친구가 토레스에서 내리는 제 모습을 상상하니 너무 잘

어울린다고 하더군요. 그 말 한마디에 바로 계약했습니다. 세차 후 디자인이 더 잘 드러나서 세차 시간도 힐링이 되고요. 운전하는 순간이 즐겁습니다."

"30살 남자가 렉서스를 사면 하차감이 너무 없을까요? 개인적으로 튼튼하고 외관이 예뻐서 사고 싶은데, 주변에서 다 만류하네요. 아무튼 렉서스 실내가 좀 올드한 건 인정하는데 이미지가 그렇게 별로인가요? 이성에게 호감 줄 요소를 생각하면 고민이 되네요."

이 기록들은 설문이나 조사 요청이 있어 작성된 것이 아니다. 소비자들이 SNS에 직접 남긴 흔적이다. 자발적 발화라는 점에서 보면 더 결정적이다. 기업도, 연구자도 포착하기 어려운 진짜 욕구 Unspoken Desires와 고민 Unspoken Concerns이 그대로 드러나기 때문이다.

과거에는 이동 중의 편안함을 뜻하는 승차감이 구매 기준 가운데 큰 가치였다면, 지금은 차에서 내리는 찰나의 순간이 브랜드 선택을 흔들기도 한다. 소비자들은 자동차 브랜드가 로고 크기를 키우는 이유조차 '하차감을 극대화하기 위해서'라고 해석한다 (메르세데스 벤츠는 특유의 '삼각별' 마크를 점점 더 크게 만들고 있고, BMW는 차 키에도 로고를 눈에 띄도록 크게 넣는다).

즉 소비자는 이제 '차가 나에게 어떤 기능을 제공하는가'뿐 아니라 '차가 나를 어떤 사람으로 보이게 하는가'를 묻는다.

산업을 재정의하는 것은 결국 소비자

차박이 유행했을 때처럼, 소비자는 이미 자동차를 이동 수단이 아니라 정지된 공간, 즉 호텔의 숙박 공간이나 텐트, 카페의 대체재로 사용하기 시작했다. 하차감은 여기에서 한 발 더 나아간다. 움직이지도, 머물지도 않는 차가 주는 감정적 가치가 소비의 핵심이 된 것이다.

이 지점에서 자동차는 더 이상 자동차 산업에만 속하는 물건이 아니다. 그것은 패션의 일부이자 라이프스타일의 상징이며, 나의 정체성을 표현하는 무대가 된다. 고급 백이나 특정 브랜드의 액세서리를 소비하며 그 이미지를 내 삶에 이식하고자 하는 심리가 자동차 소비에서도 고스란히 드러난다. 움직이지 않고 그냥 주차장에 세워놓고 그 옆에 서 있는 것을 보여주기만 해도, 차는 나의 정체성을 말해주는 명함으로 작용한다.

냉장고가 음식을 얼마나 신선하게 오래 보관하는지에 대해서는 이제 아무도 말하지 않는다. 그건 이미 당연한 이야기이기 때문이다. 가전제품 브랜드에서는 소비자에게 '냉장고는 가전이 아니라 거실 인테리어를 결정하는 핵심 가구'라고 말한다. 역으로 가구 회사들은 가구 안에 가전제품을 집어넣어 출시한다. 이렇게 침대는 조명이 되고, 협탁은 공기청정기가 되고, 거실 탁자는 냉장고가 되고 있다.

핵심은 단순한 결합이 아니다. 핵심은 소비자가 제품을 전혀 다른 맥락으로 끌어올릴 때 산업 자체가 이동한다는 사실이다. 차를 이동의 도구로만 보지 않는 소비자 앞에서 기업의 본질적인 정의와 경쟁의 지형도 함께 흔들린다. 이동 수단인 자동차를 정박했을 때의 공간감과 타지도 않았을 때의 하차감을 말하는 소비자에게 자동차는 어느 산업군에 속하는 제품일까?

하차감이 회자된다는 것의 의미는 결국 하나다. 산업의 기준을 만드는 것은 기업이 아니라 소비자이며, 그들이 재해석하는 순간 산업의 본질이 다시 쓰인다는 것이다.

콘텐츠를
덕질한다는 것

콘텐츠를 덕질하고 경험을 해석하는 초능력자들

CGV 용산 아이맥스 예매가 언제 열리는지 나는 잘 모른다. 대개 예매 사이트에 들어가 날짜와 장소를 검색한 뒤, 남아 있는 좌석을 선택하는 방식으로 관람 계획을 잡는다. 그런데 Z세대는 다르다. 이들은 '영화 개봉일'이 아니라 '예매 개시일'을 기다린다. 〈듄〉 신작이 개봉한 때의 일이다. 아직 1차 관람도 못한 나와 달리 학생들은 이미 'N차 관람' 계획을 말하고 있었다.

　　이 작품은 영상미가 수려하고 압도적인 스케일이 주요 관전 포인트라서 아이맥스 영화관에서 봐야 제맛이다. 그런데 아이맥스 영화관은 몇 관 되지 않아 쉽게 매진되기 때문에 1차 관람도 쉽지 않다. 상황이 이러한데 어떻게 N차 관람이 가능한지 묻자, 한 학생이 보여준 것은 '용아맥(용산 아이맥스)' 예매 오픈 알림을 실시간으로 공유하는 카카오톡 대화방. 그 방에는 이미 999명이 넘는 인원이 대기 중이었다.

　　이 모습은 아이돌 콘서트 예매 문화를 연상케 한다. 한 연구생은 같은 아티스트의 공연을 금·토·일 연속으로 예매하곤 했다. 세 날의 세트리스트가 거의 동일해도, "금요일 공연의 그녀, 토요일 공연의 그녀, 일요일 공연의 그녀는 다르다"고 했다. 날씨, 습도, 아티스트의 컨디션, 관객의 반응까지 합쳐지면 매 공연의 분위기는 미세하게 달라진다. 팬들은 그 작은 온도 차이를 포착한다.

　　또한 그날 함께하는 팬들의 반응에 따라서도 다른 분위기가 연출되기도 한다. 아티스트의 콘서트 후기를 보면 매우 자세하고 섬세한 감상이 기록되어 있다. '금요일 앵콜송으로는 무엇을 불렀는데 토요일에는 다른 노래를 불렀다', '군무 부분에서 어떤 제스처를 했다', '중간에 이런 멘션을 했다' 등등. 이런 후기를 공유하는 과정에서 팬들은 한 번 더 공연을 풍성하게 즐긴다.

　　뮤지컬 역시 마찬가지다. 동일한 배역이라도 배우마다 해석이 다르고, 그날의 호흡, 감정, 무대 에너지가 공연을 달리 만든

경험수집가의 시대

다. 그래서 다시 보고 또 본다. 흔히 뮤지컬 회전문을 돈다는 사람들이 늘어만 가는 이유다. 이들은 기록을 남기고 공유하며 서로의 감상도 교차한다. 감상과 반응을 주고받는 과정에서 팬들의 해석은 더 깊어지고 풍부해진다.

콘텐츠도 '경험'으로 다시 쓸 수 있다고?

그렇다면 고정된 영상인 영화의 N차 관람은 또 어떤 동기로 설명할 수 있을까. 가변성이 전혀 없는 영상을 영화관에서 반복해서 관람하는 경험을 통해 젊은 소비자는 어떤 가치를 얻고 있을까. 여러 번 보면서 더 깊은 감정을 경험하는 걸까. 혹은 동일한 감정과 정서를 반복해서 느끼고 싶은 걸까. 그도 아니면, 영화를 보며 얻은 감정과 생각이 빠르게 휘발되는 것이 싫어서 정서적이고 지적인 자극을 각인하는 과정일까. 그저 좋은 감정과 경험을 자주 느끼고 싶은 것뿐일까.

영화는 라이브 공연처럼 실시간으로 달라지지 않는다. 화면은 동일하고 내용도 같다. 달라지는 것은 관람하는 사람인 자기 자신이다. Z세대는 영화를 보고 돌아오면, 그 장면에 얽힌 해석들을 찾아본다. 같은 영화를 본 친구들과 감상을 나누고, 리뷰 전문 유튜버의 해석을 듣고, 내가 놓쳤던 상징이나 디테일을 다시 되짚는다.

어떤 이는 "그 장면의 섬광 검은 이런 의미가 있다"며 새로운 의미를 알려주고, 또 어떤 이는 "오른쪽 아래 호수의 색과 그 위에 비친 붉은 달빛의 대비는 이런 상징을 담고 있다"고 말한다. 이미 본 영화라도 내가 미처 보지 못했던 의미를 다시 찾아내고 싶은 마음이 생긴다. 동일한 화면이지만, 그 화면을 바라보는 나의 이해와 감정은 매번 달라지고 확장된다. 그래서 이들은 콘텐츠를 단순히 소비하는 것이 아니라, '덕질'하면서 스스로의 경험을 다시 구성하고 재해석한다.

왜 이들은 경험을 중첩하는가

이런 태도는 경험 자체가 가진 힘과도 맞닿아 있다. 소비자 행동 연구자이자 펜실베이니아대학교 와튼 스쿨 마케팅 교수인 스티븐 호흐 Stephen J. Hoch는 〈제품을 경험하는 것은 유혹적이다 Product experience is seductive〉라는 제목의 논문에서 왜 소비자들의 직접 경험이 다른 종류의 커뮤니케이션보다 설득력이 강력한지 네 가지 차원에서 설명한다.[3]

첫째, 경험은 생동감 있고 감각적이기에 몰입하기 쉽다. 생생하고 기억에 남는다. 따라서 소비자는 그 내용이 제한적일지라도 직접 경험하면 '많이 배웠다'고 느낀다.

둘째, 소비자는 경험을 통해 얻은 정보를 신뢰한다. 광고와 달리 의도가 개입된 느낌이 적기 때문이다. 왜 '직접 사용 후기'가 강력한 영향력을 지니는지 설명되는 대목이다.

셋째, 경험은 해석의 여지를 준다. 애매모호한 요소를 포함하기 때문에 스스로 의미를 덧붙일 수 있다. 소비자는 그 과정에서 무엇인가를 '깨달았다'고 느낀다.

넷째, 경험은 취향에 맞춰 스스로 조정된다. 경험하는 과정에서 소비자는 점점 자신의 취향과 맞는 선택 쪽으로 이동하고 적응해간다. 그렇기 때문에 경험을 통해 선택한 것에 대해서는 후회가 덜하다.

이 모든 특성은 Z세대가 콘텐츠를 반복해서 보고, 미세한 감정을 포착하고, 서로의 해석을 나누며 경험을 덧입히는 문화와 자연스럽게 이어진다. 그들은 경험을 단순히 '받는' 사람이 아니라, '가공하고 확장하는' 사람들이다. 느끼고, 비교하고, 해석하고, 의미를 더하는 일련의 과정이 콘텐츠 소비의 핵심이 된다.

지금의 소비자는 수많은 메시지 속에 둘러싸여 살아간다. 각자의 가치관에 따르는 선택을 존중받고 싶어 하며, 자신이 느낀 감정과 경험을 스스로 해석할 권리를 중요하게 여긴다.

이런 시대에 브랜드가 소비자에게 말을 걸기 위해서는 제품을 팔든, 서비스를 제안하든, 경험의 층위를 세심하게 설계해야 한다. 무엇을 보여줄 것인지보다, 소비자가 무엇을 느끼고 어떻게 해석하게 할 것인지가 더 중요한 기준이 된다. 이러한 맥락에서 이 책의 2부와 3부에서는 지금의 소비자들이 원하는 경험이 무엇인지, 그리고 그것을 어떻게 설계해야 하는지를 더 깊게 알아볼 것이다.

소비는 정체성 실험이다

비싼 돈을 들여 미슐랭 레스토랑을 방문해 저녁 식사를 하거나, 오래 기다리더라도 블루리본 카페에서 디저트를 즐기려는 젊은 소비자가 많다. 미식 경험을 즐기고자 하는 이러한 젊은 소비자를 중심으로 식당 앞에 줄을 서지 않아도 대기를 걸어둘 수 있는 앱인 '캐치테이블'이 빠르게 확산됐다. 출시된 지 얼마 지나지 않아 구글 플레이가 선정한 '올해를 빛낸 일상생활 앱' 부분에 뽑히기까지 했다.

기성세대는 이런 현상을 두고 종종 이해하기 어렵다는 반응을 보인다. "국밥 몇 그릇 값으로 커피와 디저트를 먹느냐", "코스 요리에 그 돈을 왜 쓰느냐"는 반응도 흔하다. 그러나 지금의 소비자들이 이 경험을 선택하는 이유는 음식의 맛 때문만이 아니다. 그 공간, 형식, 서사가 만들어내는 특별한 경험을 통해 세상을 새로운 방식으로 이해하려는 욕구가 숨어 있다. 경험재의 핵심은 바로 음식을 먹는 '다른 시선'을 열어주느냐에 달려 있다.

음식이 아니라 '새로운 나'를 구매한다

'르 쁘띠 셰프 Le Petit Chef'는 이러한 소비 패턴을 가장 극적으로 보여주는 사례다. 여의도 글래드 호텔에서 진행된 이 미디어 요리쇼는 접시 위에 6센티미터 크기의 작은 요리사가 등장해 다음 코스를 안내하는 장면으로 시작된다. 천장의 조명을 이용해 만든 이 작은 요리사는 땅에 씨를 뿌리고, 물을 주고, 잎을 떼어 접시 위에 던진다. 다음 장면에서는 토마토를 뽑아 샐러드 접시 위에 올리고, 해물 코스에서는 랍스터를 잡기 위해 바다를 헤엄치기도 한다. 화면 속 요리가 완성되면 그와 동일한 실제 요리가 접시에 담겨 눈앞에 놓인다.

이 과정은 단순히 '요리를 예쁘게 보여주는 쇼'가 아니다. 재료가 어디서 왔는지, 누가 어떤 방식으로 재배하고 준비했는지,

요리사는 어떤 마음으로 이를 선택했는지, 한 그릇에 담긴 수고와 맥락을 자연스럽게 떠올리게 한다. 그 결과 소비자는 음식을 먹는 것이 아니라, 음식을 만드는 과정을 음미하고 음식의 세계를 해석하는 경험을 한다. 기다림의 지루함이 사라지고, 코스마다 새로운 몰입의 흐름이 생긴다. 미디어와 실제 음식 사이가 연결되고 전환되는 과정 자체가 한 사람의 감각과 사고를 확장하는 작은 모험이 된다.

한 도시당 한 호텔만 선정해 진행하는 것도 이 쇼를 방문할 만한 경험으로 만들어준다. 호텔의 브랜드 가치가 높아지는 것은 물론이다. 지금껏 세계 30개국의 저명한 호텔에서만 진행되었다. 가장 저렴한 코스가 20만 원, 비싼 것은 40만 원 가까이 되었지만 예약조차 하기 어려울 정도였다.

이 코스 요리를 먹는 행위를 허세라고 생각할 일일까. 요리 '쇼'이니 특별한 경험으로 봐야 할까. 이 쇼를 바라보며 고객은 오늘의 재료가 어디서 왔는지, 누가 재배하고 잡았는지를 묻게 된다. 요리사가 어떤 마음으로 재료를 골랐을지 주의를 기울이게 된다. 어떻게 손질했을지, 어떤 방식으로 만들고 플레이팅했을지 그 정성을 온 마음으로 느끼게 된다. 지금까지와는 다른 방식으로 식사 과정을 경험하는 것이다.

이 경험을 선택하는 소비자들이 반드시 구매력이 높아서 이런 선택을 한 것만도 아니다. 그들은 음식이 아니라 새로운 방식으로 세상을 보고 싶은 욕망에 값을 지불한 것이다. 누군가는 여행을 통해 세계를 경험하고, 누군가는 책을 통해 세상을 만난다. 또 어떤 소비자는 스포츠 경기나 락 페스티발에 참여하면서 새로운 세상을 경험한다. 그리고 어떤 소비자는 그와 같은 특별한 방식으로 음식을 경험하며, 요리를 통해 세계를 재해석한다. 이때 소비 행위는 곧 자기 감각을 확장하고 세계를 인식하는 하나의 방법이 된다.

다른 세계에 들어선 듯한 체험

해외 도시를 그대로 옮겨놓은 듯한 브런치 카페들이 곳곳에 생겨나는 것도 같은 맥락이다. 소비자들은 단순히 베이글과 커피를 사러 이 가게를 방문하는 것만은 아니다. 들어서는 순간의 조명, 메뉴판, 벽에 붙은 엽서, 비품 하나까지 모여 생겨난 장소의 생생함과 생경함을 통해 마치 가보지 않았던 세계로 순간 이동을 한 듯한 경험을 하게 되는 것이다. 이 디테일의 집적이 소비자에게 '이곳은 단순한 카페가 아니라 또 다른 하나의 세계'라는 감정을 갖게 한다.

행동경제학자 댄 애리얼리 Dan Ariely는 《부의 감각》에서 다음과 같이 말했다.

경험수집가의 시대

"사람들은 자세히 묘사된 와인에서 더 많은 것을 얻는다. 와인 병에 든 와인이라는 액체의 물리적인 특성을 전혀 바꾸지 않고서도 사람들이 와인을 경험하고 소비하는 방식을 바꿔놓으며 사람들에게 강력한 영향을 준다."[4]

같은 와인이라도 설명을 어떻게 들었는지, 어떤 맥락과 감정이 함께 주어졌는지에 따라 맛이 달라지는 이유다. 결국 디테일은 경험의 진폭을 키우고, 소비자가 세계를 해석하는 방식을 바꾸는 힘을 갖는다.

광고 역시 이 점을 잘 알고 있다. 지금의 광고는 제품을 알리는 것이 아니라, 이 경험이 소비자를 어떻게 변화시키는가를 설계한다. 좋은 광고는 상품이 아니라 소비자 자신을 새롭게 보도록 돕는 장치이기 때문이다.

오늘의 소비자는 자신이 어떤 사람인지, 어떤 세계를 보고 싶은지, 어떤 버전의 '나'가 가능한지를 경험을 통해 시험한다. 요리 쇼, 해외 감성의 카페, 미식 공간, 공연·전시·스포츠 관람 모두가 그 시험의 일부다. 이들이 찾는 것은 결국 하나다. '새로운 감각, 새로운 세계, 새로운 나.'

그리고 그 입구는 언제나 디테일에서 열린다. 섬세하게 설계된 경험은 소비자에게 단순한 만족을 넘어, 자신의 정체성을 확장할 수 있는 장면을 제공한다. 지금의 소비자들은 새로운 경험을 통해 자신의 정체성 실험을 한다. 경험을 사는 것이 아니라, 그 경험을 통해 변화하는 자신을 산다.

경험수집가의 시대

경험수집가에게 어떻게 접근할 것인가

"그렇다면 경험수집가들인 Z세대에게 우리는 어떻게 말을 걸어야 할까? 과연 세계의 Z세대는 한국의 Z세대와 얼마나 다를까?"

2부는 이 질문에서 출발한다. 경험수집가의 시대 주인공인 Z세대들에 대해 더 깊이 이해하는 장이다. 이 장에서는 먼저 소비자들에게 경험이 왜 그토록 중요해졌는지 살펴본다. 각자의 경험이 만드는 큰 차이를 위해 산업별로 다르게 적용할 만한 전략이 있는지 소개한다. '경험을 수집하는 세대'라는 이름으로 묶이는 Z세대가 서로 다른 문화와 환경 속에서도 공통된 마음의 구조를 공유하고 있는지 일본과 미국 기업의 사례로 간략히 살펴본다. 또한 Z세대의 사랑을 받는 브랜드와 기업들, 소비 문화와 새로운 현상들을 함께 들여다볼 것이다. 이를 통해 경험수집가들에게 말을 걸기 위한 기업들은 무엇을 주의해야 할지, 무엇을 강조해야 할지 탐색하려 한다.

경험수집가들에게서 두드러지는 특징은 '나'에게 관심이 많다는 점이다. 자기 자신을 알고 싶은 욕구, 읽어주길 바라는 욕구, 나를 분석해줬으면 하는 욕구, 나를 알아줬으면 하는 욕구. 이것은 단순한 인정 욕구와는 다르다. 다른 사람과 비교해 더 앞서가고 싶다는 욕망이 아니라, 비교의 기준 자체를 내려놓고 나 자신의 가능성을 끝까지 탐색하고 싶다는 마음에 가깝다. 경험수집가들이 원하는 것은 '남보다 나은 삶'이 아니라 '나로서 충분한 삶'이다. 더 또렷한 나, 더 납득 가능한 나, 그리고 내가 선택한 이유를 스스로 설명할 수 있는 삶을 살고 싶다는 욕망의 발현이다.

　　이러한 현상은 기업과의 관계, 시장에서 더욱 선명하게 드러난다. 왜냐하면 기업이란 본래 우리의 고객이 누구인가, 그리고 그 고객은 어떻게 사는가, 무엇을 원하는가, 그 고객의 마음을 사로잡으려면 어떻게 해야 할까를 밤낮없이 연구하는 집단이기 때문이다. 기업은 언제나 소비자의 마음을 가장 먼저, 가장 집요하게 관찰하는 존재다. 그런 연구와 고민의 결과물들을 경쟁자보다 더 빠르게 정교하게, 더 확실하게 고객의 마음을 사로잡기 위한 형태와 언어로 시장에 제안한다.

　　이처럼 끊임없는 기업의 구애가 오가는 시장 속에서 소비자들은 변하고 있다. 상품을 탐색하고, 기업의 제안을 비교 검토하는 데 에너지를 쓰기보다 바깥이 아닌 안으로 시선을 돌린다. 이미 존재하는 상품과 경쟁재, 대체재, 대안을 비교하던 행태에서 방향을 전환해, 나 자신을 분석하고 파악하고 알아가는 데 더 많은 시간을 쓰기 시작했다. 어차피 내가 누구인지, 내가 무엇을 원하는지만 분명해지면 그 다음은 AI와 기업이 알아서 맞춰줄 것이라는 기대가 형성되었기 때문이다. 이제 소비자의 첫 번째 탐색 대상은 상품이 아닌 자기 자신이 되었다. 우리는 이제 그들에게 자신을 탐색하는 여정에 기꺼이 유능한 조력자가 되어주어야 한다. 자, 이제 나라는 세계를 탐험 중인 경험수집가들의 마음속으로 더 깊이 들어가보자.

소비자들의 욕망이 달라졌다. 이제 사람들은 '그냥 상품'을 사지 않는다. 자신의 특징을 분석받고, 자신에게 맞는 솔루션을 제공받고, 자신만을 위한 진단을 받고 싶어 한다. 이 욕망은 많은 비용을 요구하는 영역이었으나, 생성형 AI가 등장하면서 맞춤형 서비스의 진입장벽은 급격히 낮아지고 있다.

온라인 헤어스타일 컨설팅 서비스도 AI 기술을 전면에 내세우고 있다. 고객이 자신의 사진을 업로드하면, AI가 얼굴 비율과 길이 등 스물다섯 가지 골격 특징을 분석해 290만 가지 유형으로 분류한다. 그렇게 분석된 데이터를 기초로 AI는 고객에게 어울리는 스타일을 추천하고 그 이유를 설명한다. 이를 인간 전문가가 최종적으로 검토한 후 컨설팅 결과를 작성한다. 실제 어느 정도로 정교한 수준의 AI 기술을 사용하는지 확인할 수는 없지만, 소비자 입장에서 중요한 것은 따로 있다. '내 얼굴과 유사한 수십만 개의 데이터와 비교해, 가장 어울리는 옵션을 추천해준다'는 기제가 만든 신뢰감이다. 그 결과 '나에게 꼭 맞는 스타일을 알려주는 서비스'라는 인식이 생기고, 이는 곧 새로운 사업 기회가 된다.

데이터가 만든 신뢰, '나'만을 위한 정교한 분석

그렇다면 이런 맞춤형 욕망은 헤어 서비스에만 국한될까? 그렇지 않다. '나를 대신 분석해주고, 나에게 필요한 것을 먼저 제안해주는 전문가적 관찰과 솔루션'을 소비자들은 여러 영역에서 기다리고 있다. 콘텐츠 플랫폼이 추천 알고리즘으로 취향을 알아챘다면, 제조업이나 서비스업에서도 그만큼 개인화된 경험이 가능할 것이라 자연스럽게 기대할 수 있다. Z세대는 특히 산업의 경계를 엄격히 나누지 않는다. "여기서 가능한데, 저기서 안 될 이유가 있나?"

이들이 가진 응용력은 새로운 문제설정과 비즈니스의 기회가 된다. 다만 맞춤형 경험은 산업마다 핵심 전략이 다르다. 콘텐츠, 제조업, 서비스업은 모두 개인화를 지향하지만, 맞춤형을 구현하는 방식에는 본질적 차이가 존재한다.

산업별 맞춤형의 3가지 공식

첫째, 콘텐츠 산업에서는 '선별과 추천'이 핵심이다. 콘텐츠 기업은 이미 방대한 라이브러리를 보유하고 있고, 그중에서 '내가 좋아할 만한 것을 골라주는 능력'이 맞춤형 경험의 핵심이 된다.

넷플릭스의 추천 알고리즘처럼 사용자의 패턴을 읽고 취향을 분석해 적합한 콘텐츠를 제안하는 과정이 중심이다. 물론 대중의 취향을 분석해 신규 콘텐츠 제작 방향에 반영하기도 하고, 인터렉티브형 콘텐츠를 제작하기도 한다. 그러나 창작물로 개인화된 경험을 구성한다는 점에서, 콘텐츠와 콘텐츠가 집적된 플랫폼 산업에서 맞춤형 경험을 구현하려면 선별과 배치, 추천이 중요하다.

둘째, 제조업에서는 '요소의 변형'이 중요하다. 제조업은 물리적 형태를 가진 제품을 판매하므로, 완벽한 1:1 맞춤은 구조적으로 어렵다. 하지만 부분 변형을 통해 어느 정도는 맞춤형으로 구현할 수 있다.

비스포크 냉장고처럼 패널 색과 질감을 바꾸고, 냉장고 내부의 구성 요소를 조정하거나, 사용자가 처한 상황에 따라 소프트웨어 기능을 커스터마이징하는 방식이다. 제조업에서 소프트웨어 기능을 커스터마이징하면 동일한 제품이라도 그 제품을 사용하는 사용자의 상황과 맥락에 맞춰 경험의 난이도와 종류를 변환할 수 있게 된다. 예를 들어 동일한 세탁기여도 연동된 앱에서 새로운 울코스나 이불코스를 다운로드 받아 업데이트하면 너의 세탁 경험과 나의 세탁 경험은 다르게 진행된다. 즉 제조업의 개인화는 물리적 제약 안에서 가능한 최적의 변형을 설계하는 일이다.

셋째, 서비스업에서는 '창조적 솔루션'이 중심이다. 소비자들의 문제에 솔루션을 제공해주는 서비스업에서의 맞춤형은 본질적으로 컨설팅에 가깝다.

사람의 얼굴, 체형, 골격, 피부 톤, 생활습관은 모두 다르므로, 소비자는 자신만의 정보를 기반으로 완전히 새로운 솔루션을 창조해주기를 기대한다. 그 과정이 계속해서 세분화될수록 만족도가 높아진다. 맞춤형 분석이 기업이 확보한 데이터베이스가 아니라 개별 소비자의 고유성에서 출발할 때 비로소 '나만을 위한 솔루션'이 탄생한다.

실패하지 않을 '권리'에 값을 지불하는 사람들

오늘의 소비자들은 정보가 너무 많아 오히려 불안해한다. '이 많은 정보 속에서 나에게 맞는 최선은 무엇일까?', '내가 뭔가 놓치는 건 아닐까?', 이 불안은 곧 '전문가에게 묻고 싶다, 알고리즘을 통해서라도 확신을 얻고 싶다'는 열망으로 이어진다. 퍼스널 컬러 진단에 수만 원에서 십만 원 이상을 기꺼이 지불하는 것도 같은 이유다. 그들이 비용을 지불하는 가치는 그 순간에만 있지 않다. '이 조언을 통해 앞으로 수년간 시행착오를 줄일 수 있는가'를 판단하고 지불한다. Z세대가 '가성비'뿐 아니라 '가실비(가격 대비 실제 사용 비용)'를 계산한다는 것이 의미하는 바가 바로 이것이다.

산업별 맞춤형 경험의 핵심 전략 비교

구분	콘텐츠 산업	제조업	서비스업
맞춤형의 핵심	선별과 추천	요소의 변형	솔루션 컨설팅
개인화 방식	알고리즘 기반 취향 분석	물리·소프트웨어 요소 조합	개인 데이터 기반 문제 해결
출발점	기존 콘텐츠 라이브러리	표준화된 제품	개별 소비자의 고유성
구현 예시	넷플릭스 추천 알고리즘	비스포크 가전 기능 다운로드	퍼스널 컬러 진단 맞춤 컨설팅
소비자가 느끼는 가치	"내 취향을 잘 안다"	"내 상황에 맞게 쓸 수 있다"	"나만을 위한 답을 얻었다"

경험은 언제나 차이를 만든다

출판사와 상의하기도 전에, 나는 이 책의 제목을 가장 먼저 '경험 수집가'라고 적어두었다. 요즘 젊은 소비자들을 관찰하면, 이 단어가 그들의 행동을 가장 정확하게 보여준다는 확신이 들었다. 경험 수집가는 '경험'+'수집'+'가'라는 단어의 조합으로 이루어진다. 각 단어는 그들이 왜 지금처럼 소비하고 움직이는지를 보여주는 하나의 질문이자 대답이다.

첫째, '경험'은 '제품이 아닌 무언가'를 가리킨다. 손에 잡히지 않는다는 점에서는 서비스재와 동일하다. 그러나 서비스재와는 달리 문제해결이라는 목적성이 없어도 경험은 일어난다. 즐거우려고, 기분을 바꾸려고, 충동적으로 또는 무심히 이뤄진다.

둘째, '수집'은 단순한 체험을 넘어선다. 이 어휘에는 경험을 '한 번 하고 마는 것'으로 정의하지 않는다. '모으고 기록하고 축적하는 태도'가 담겨 있다.

마지막으로, '가家'는 특정 활동을 수행하는 사람에게 붙는 호칭이다. 화가, 건축가, 작가처럼 말이다.

그렇다면 지금의 젊은 소비자는 정말 '경험을 하는 사람'이 아니라 '경험을 지속적으로 수집하는 사람'이라고 일컬을 수 있을까? 나는 그렇다고 보았다.

경험이 제품을 대체하다

기업은 오랫동안 제품과 서비스를 팔아왔다. 둘 다 소비자의 문제를 해결해준다는 공통점이 있다. 비행기 탑승 서비스는 이동을, 의료 서비스는 건강 문제를, 법률 서비스는 법적 분쟁을 해

경험수집가의 시대

결한다. 눈에 보이지 않지만 명확한 목적이 있다.

반면 경험은 문제해결이 출발점이 아니다. 목적이 없을 수도 있고, 충동적으로 이뤄지기도 한다. 그럼에도 지금의 젊은 세대가 경험에 매달리는 이유는 '차별화 욕구'가 시대적으로 강화되었기 때문이다. 소비는 크게 두 가지 동기로 나뉜다. 문제해결과 차별화. "이 날씨에 무엇을 입어야 하지?"라는 질문과 "나의 스타일을 말해주는 옷은 무엇일까?"라는 질문은 완전히 다른 소비 행위로 연결된다.

차별화 욕구는 동조와 비동조를 오가며 작동한다. 자신이 속한 집단과 비슷하게 행동하는 동조와 집단을 벗어나 새로운 집단을 만드는 비동조. 비동조 움직임에 따라 새로운 하위문화가 등장한다. "나는 주류와 다르게 살고 싶어", "우리만의 독특한 스타일, 삶의 양식을 선보이며 살고 싶어" 같은 열망이 겉으로 표출된다. 젊은 소비자는 자기만의 경험을 통해 기존 질서의 세상과 자신을 구분해간다. 그렇게 자신들이 창조해낸 유행, 트랜드, 밈 등이 대중에게 받아들여지면 다시 다른 차별화를 찾아 움직인다. 의식적인 전략이 아니라 자연스러운 흐름이다.

제품은 본질적으로 획일화되어 있어 차별화가 어렵다. 반면 경험은 재현되지 않는다. 누가, 언제, 어디서, 누구와 했는지에 따라 모두 다른 결과물이 나온다. 문제해결이 목적인 제품과 서비스는 문제가 해결되면 소비도 멈춘다. 경험은 문제해결이 목적이 아니기 때문에 '정답 경험'이라는 것이 없고, 지속적으로 새로운 경험을 수집하려 한다. 나쁜 경험조차 '경험의 축적'이라는 점에서 의미를 가진다.

한 학생이 강릉에서 길을 잃었던 경험을 이야기한 적이 있다. 그는 그 경험을 '낭만 있었다'고 표현했다. 길을 잘못 들었지만 예기치 않은 그림을 만나고 스케줄에 없던 특별한 커피숍을 들르게 되면서 작은 기쁨을 만끽했고, 길을 헤매면서 깔깔거린 과정도 모두 그 여행만의 특별한 요소가 되어버린 것이다. 계획된 경험이든 우연의 경험이든, 중요한 건 새로운 경험이 하나 더 생겼다는 사실이었다.

유튜버, 인플루언서, 여행 작가의 추천으로 구성한 여행의 베스트 코스가 원활하게 흘러가면 그것도 좋고, 그러다 길을 잃으면 그건 그것대로 '새로운 경험'이라는 거다. 이처럼 경험이 가진 불확정성과 고유성은, 제품보다 훨씬 빠르게 '나만의 이야기'를 만들어준다. 그래서 젊은 소비자들은 끊임없이 경험을 찾아 나선다. 경험의 질이 조금 떨어진다 해도, '안 하느니만 못하겠어?'라는 태도는 변하지 않는다. 이 관점에서 보면 경험의 좋고 나쁨은 문제가 되지 않는다. 경험의 질이 아니라 오히려 경험의 축적, 수집, 새로운 경험의 증가가 핵심이다.

경험수집가를 키운 시대적 장치들

왜 지금 이 세대는 경험을 수집하는 걸까? 그 배경에는 세 가지 흐름이 겹쳐 있다.

첫째는 기술력의 향상과 시장 완성도의 증가다. 대부분의 제품은 이미 충분히 '좋다.' 문제해결 능력단으로는 차별화가 어렵다. 그러니 소비자들은 새로운 기준을 찾는다. 취향, 스타일, 큐레이션 감각 같은 비물질적 가치다. 기술이 고도화될수록 제품은 경험재로 진화한다. 고화질 카메라를 부착한 휴대폰 리뷰에서도 소비자들은 이제 성능보다 "이 카메라로 내가 어떤 경험을 만들 수 있는지 알려달라"고 말한다.

둘째는 개인 미디어의 확산이다. 인스타그램, 블로그, 유튜브는 경험을 기록하고 전시하는 장소다. 인플루언서는 "가봤더니 좋더라", "이 디저트가 독특하더라", "여긴 별로였다" 같은 경험담을 공유한다. 정답 제시가 아니다. 단지 경험을 공유하는 것이다. 팔로워는 그 경험을 참고할 뿐, 실패하더라도 인플루언서를 원망하기 어렵다. 왜냐하면 경험은 결국 스스로의 선택으로 완결되기 때문이다. 이 구조는 소비자에게 경험을 더 많이, 더 넓게 시도할 장치를 제공한다. (물론 앞으로 이 사람의 감각을 계속 따를지, 이 사람의 추천을 계속 신뢰할지는 미지수다. 부정적인 경험이 반복되면 탓하지는 않아도 따르는 일은 줄어들 테다.)

앞선 두 요인으로 인해 전문성이 재정의된다는 것이 세 번째 배경이다. 과거에는 학위, 자격증, 공신력 있는 기관의 기준을 통과한 사람에게 전문성이 부여되었다. 지금은 '경험의 양'이 전문성을 가른다. 축구 경기의 TV 방송 해설자뿐 아니라 축구 리뷰 유튜버, 게임을 직접 만드는 개발자뿐 아니라 게임 전문 리뷰어나 플레이를 분석하는 크리에이터도 '전문가'로 인정받는다. 그들이 남보다 많은 경험을 했고, 그 경험을 공유한다는 점에서 새로운 기준을 만들어냈기 때문이다. 구글맵에서 내가 다녀온 여행 경로, 맛집 여행 코스를 공유하고 판매하는 일이 빈번해지는 것도 같은 이유다.

'탁월함'만이 아니라 '고유한 경험의 축적'도 새로운 전문성이 된다. '전문성'이 의미하는 바가 '탁월함'뿐만 아니라 '고유한 경험의 축적'으로 확장되어 인식되는 순간, 부정적 경험 또한 공유할 만한 경험, 공유 가치가 있는 경험이 된다. 부정적 경험이라도 타인의 실패 경험을 줄여줄 수 있다면, 타인이 무언가를 평가할 수 있는 감식안을 늘려줄 수 있다면, 긍정적 경험과 유사한 만큼의 가치가 생기는 것이다.

경험수집가가 만들어낸 새로운 소비의 논리

경험은 문제해결에 초점을 맞추지 않기에, 문제가 해결되었다고 해서 멈추지 않는다. 차별화 욕구를 만족하고, 정체성을 실험하고, 자신의 이야기를 확장할 때까지 이어진다. 실패해도 손해가 아니다. 경험 하나가 더 쌓였기 때문이다.

결국 젊은 소비자들이 경험수집가가 된 이유는 분명하다. 제품은 이제 차이를 만들지 못한다. 경험은 언제나 차이를 만든다. 그리고 그 차이가 그들을 '나'로 만든다. 이 시대의 소비는 정체성을 증명하고 실험하는 과정이며, 젊은 소비자들은 그 과정을 위해 기꺼이 경험을 모은다.

전 세계의 Z세대가 페르소나에 열광하는 이유

페르소나라는 개념은 본래 연극의 가면에서 출발해, 심리학에서는 개인의 성격 특성을 설명하는 용어로, 마케팅에서는 '대표 고객의 가상 프로필'을 뜻하는 용어로 자리 잡았다.

흥미로운 점은, 오늘날의 젊은 소비자들은 '나도 몰랐던 나'를 발견하는 과정 자체에 매력을 느낀다는 것이다. 특정한 분위기를 지닌 공간이나 장소는 그들이 새로운 페르소나를 호출하는 통로가 된다. 평소에 입지 않던 복장을 시도하거나, 특정 장소에 어울리는 착장을 선택하는 것 역시 또 다른 나를 경험하기 위한 장치다.

궁에 들어서는 순간 공주나 왕이 된 듯한 설정, 교복을 입고 수학여행을 떠났던 시절로 돌아간 듯한 느낌, 홍대 공연장 앞에서 락 페스티벌이나 서울재즈 페스티벌의 관객이자 출연자가 된 듯한 몰입. 이 모든 것은 최근 소비자들이 '장소와 의상을 조합해 스스로에게 부여하는 새로운 페르소나 체험'이다.

이미지 기반의 SNS가 생활의 중심이 된 것도 이 문화를 강화했다. 인스타그램이나 틱톡에서 중요한 것은 '보기에 명확하고 인상적인 이미지'다. 늘 같은 배경, 같은 옷차림, 같은 구도는 더 이상 전시할 가치가 없다. 과거에는 기자나 PD가 "그림이 되느냐"를 고민했다면, 이제는 일반 소비자들이 같은 질문을 스스로에게 던진다. 그러니 일상적이지 않은 장소, 특정한 분위기를 갖춘 공간은 전시할 만한 소재가 된다. 장소와 어울리는 복장은 이미지를 완성하는 조각이며, 소비자는 그 속에서 또 다른 나를 실험한다. 이는 우리나라만의 현상이 아니다.

일본의 Z세대: '나를 찾아주는 서비스'의 확산

'니아우라보 niaulab'는 일본의 패션 플랫폼 조조타운 ZO-ZOTOWN이 2022년 도쿄에 오픈한 체험형 매장이다. 이곳에서는 옷을 '구매'하지 않는다. 방문 목적은 단 하나, 나에게 어울리는 스타일을 찾는 것이다. 전문 스타일리스트의 조언과 조조타운이 보유한 천만 건 이상의 데이터를 기반으로 한 AI 분석을 결합해 최적의 스타일을 제안한다. 타깃은 Z세대이며, 이 서비스는 이들이 가진 '나를 더 알아보고 싶은 욕망'을 정확히 겨냥했다.

선물 서비스 '도조dozo' 역시 일본 Z세대에게 큰 인기를 얻고 있다. 카카오톡 선물하기의 확장 버전처럼 보이지만, 핵심은 선물의 방식이 '감정·정서·상징'을 자연스럽게 담아낸다는 점이다.

선물하는 사람은 상대의 취향과 상황에 맞는 테마를 골라 메시지를 보낸다. 받는 사람은 그 테마 안에 포함된 선물 대여섯 개 중 하나를 선택해 주소를 입력한다. 자기에게 맞는 것을 스스로 고를 수 있으니 만족감이 높고, 보내는 입장에서도 '혹시 마음에 들지 않으면 어쩌나' 하는 부담이 크게 줄어든다.

감사, 축하, 위로, 격려, 응원 등을 표현한 100가지가 넘는 테마 일러스트는 하나의 작은 예술작품처럼 구성돼 있으며, 문구 역시 정서적 가치를 잘 살린다. 일본의 Z세대가 이 서비스를 열렬히 지지하는 이유는 명확하다. 나를 존중해주는 방식, 상대를 배려한 마음 그리고 선택권의 존중이라는 그들의 세계관과 정확히 맞닿아 있기 때문이다.

미국의 Z세대: 구독 기반의 '맞춤형 나 찾기'

미국에서 성장한 '스티치 픽스 Stitch Fix'는 AI 알고리즘과 스타일리스트의 판단을 결합해 고객에게 어울리는 스타일을 추천하는 서비스다. 니아우라보와 유사하지만, 구독 모델을 통해 서비스 경험을 확장했다는 점이 다르다. 고객의 키, 몸무게, 선호하는 색, 싫어하는 요소 등을 기반으로 한 정교한 큐레이션은 '나에게 맞는 나'를 찾아가는 도구처럼 작동한다.

퍼스널 컬러 진단, 온라인 헤어 컨설팅 등 전 세계적으로 유사한 서비스가 확산되는 현상은 결국 같은 방향을 가리킨다. 요즘 소비자는 '나를 알고 싶고', '내 취향을 존중받고 싶고', '나에게 맞는 소비 경험'을 원한다는 것이다. Z세대는 누군가의 취향이나 보편적 기준을 따르기보다, 나만의 기준을 설정하고 싶어 한다. 그래서 더 깊은 몰입감을 위해, '나에게 맞춘 경험'을 제공하는 서비스에 기꺼이 비용을 지불한다.

제품이 아닌 경험의 확장성에 주목하라

기업의 입장에서는 이러한 흐름을 어떻게 받아들여야 할까? 지금의 Z세대는 단순한 사용자·비사용자만으로 구분해서 접근하기 어렵다. 그들은 소비 과정에서 관찰자, 해석자, 참여자, 기록자, 전시자로 끊임없이 모드를 전환한다. 이러한 특성을 고려할 때, 기업은 기존 방식과는 다른 질문을 던져야 한다.

첫째, 제품의 실제 소비자가 아니더라도, 주변에서 이를 관찰하고 평가하고 재해석하는 사람에게도 '즐길 거리'를 제공해야 한다. Z세대는 상품 자체보다 그 상품을 경험해보는 과정, 그것을 해석하는 과정에 더 큰 의미를 둔다.

둘째, 타깃 고객을 찾을 때 산업의 전통 경계에 머물지 말아야 한다. 패션 서비스는 콘텐츠 산업과 연결되고, 선물 플랫폼은 커뮤니케이션 산업과 자연스레 맞닿는다. 확장·심화 가능성이 있는 영역까지 넓혀 산업의 경계를 살펴야 한다.

셋째, 내가 제공하는 제품이 '확장 가능한가'를 고민해야 한다. 단일 제품이 아니라, 그 제품을 중심으로 다양한 감정과 맥락, 활용방식을 둘러싼 경험까지 확장할 수 있어야 한다.

넷째, 전통적으로 말하는 헤비 유저뿐 아니라, 경계에서 머무는 비유저들의 행동도 유심히 살펴야 한다. 그들이 기존 옵션을 기피한다면, 그 공백을 메우는 새로운 경험을 제안할 기회가 생긴다.

　　이 장에서는 일본과 미국의 Z세대를 겨냥해 부상하는 기업의 사례를 간략하게 덧붙였다. 책에서는 지면의 한계와 주제의 응축을 위해 우리나라의 소비자를 중심으로 기술했으나, 글로벌 Z세대의 방향성 역시 크게 다르지 않다는 점을 상기하고자 했다. 과거에는 국가들 간의 차이가 세대의 행동을 좌우할 만큼 컸다면 지금은 예전과 다르다. 오히려 같은 국가 안에서의 세대 간 차이(윗세대·아랫세대)가, 다른 국가의 '동일 세대' 간 차이보다 더 크게 체감되는 순간이 많다. 이는 문화가 유통되는 속도와 방식이 바뀌었기 때문이다.

　　SNS를 필두로 글로벌 Z세대는 거의 동시적으로 같은 콘텐츠와 이미지, 밈과 노래를 향유한다. 한 동네에서 유행하는 과자 아이템은 곧바로 전국으로 퍼지고 국경을 넘어 확산된다. 베트남의 골목에서 유행하는 스트릿 푸드마저 전 세계인이 쇼츠로 보고 "다음 여행 가면 먹어봐야지"라는 계획으로 발전한다.

　　여기서 중요한 건 '보는 것'에서 끝나지 않는다는 점이다. 영상에서 접한 상품과 브랜드는 플랫폼을 통해 손쉽게 구매해볼 수 있고, 후기·리뷰·리액션 콘텐츠로 재해석되며 다음 유행을 만든다. 즉 Z세대의 소비는 단순 '구매'만이 아니라 '관찰 - 해석 - 참여 - 기록 - 전시'의 순환 구조 안에서 움직이고 새로운 소비 문화를 창조한다.

결국 일본, 미국, 한국 어디에서든 Z세대가 좋아하는 것은 '물건'보다 '나를 이해하고 새롭게 보여주는 경험'이다. Z세대에게 선택받는 브랜드는 제품을 '사용'하게 만드는 수준을 넘어, 해석하고 공유하고 확장할 수 있는 '즐길 거리'를 설계한다. 그리고 그 즐길 거리는 구매자뿐 아니라 관찰자·평가자·재해석자까지 끌어들이며, 산업의 경계를 넘어 확장된다. 그 경험을 설계할 수 있는 브랜드만이 Z세대에게 선택받는다는 것을 기업은 잊지 말아야 할 것이다.

브랜드가 공간을 통해 말을 걸어올 때

데이트 코스로 읽는 Z세대의 소비 지표

누군가 "데이트할 때 주로 어디로 가시나요?"라고 묻는다면 어떤 기분이 드는가. 언제 적 데이트냐며 웃는 분도 있을 테고, 이미 육아에 몰두한 분들은 장난스럽게 "키즈 카페요"라고 답할지 모른다. 기성세대에게 흔한 답은 맛집, 영화관, 카페 같은 고전적인 코스다. 대상 연령대를 조금 낮춰서 "요즘 청년들은 어디로 데이트를 갈까요?" 하고 물으면 어떤 대답이 나올까? 즉시 "에버랜드? 놀이공원? 방탈출 카페 아니에요?"라는 반문이 따라온다.

　　이 질문은 단순히 호기심을 내비치는 질문이 아니다. 나는 종종 상대방의 소비 생활과 취향, 생활 패턴을 파악하기 위해 이 질문을 던진다.

　　의사가 문진하듯, 나는 소비 문화를 이해하기 위한 '지표 질문'으로 질문한다. 생각과 감정은 답에 드러나지 않는다. 그러나 행동은 보인다. 그리고 행동을 분석하는 가장 단순한 기준은 두 가지다. '무엇에 시간을 쓰는가' 그리고 '무엇에 돈을 쓰는가'. 사람이 가진 가장 한정적인 자원이 이 둘이기 때문이다.

　　이 두 자원은 경쟁 관계에 있다. 시간과 돈 사이에도 경쟁이 있지만, A라는 활동/재화와 B라는 활동/재화 사이에 경쟁도 존재한다. 잠을 자는 동안에는 공부를 할 수 없다. 이번 달에 생긴 100만 원의 여윳돈으로 노트북을 샀다면 여행은 갈 수 없다. 설사 무한정의 구매력이 있다고 해도 1) 같은 목적을 위해 2) 여러 상품을 3) 동시에 4) 사용하기는 어렵다.

　　스포츠카를 열 대 보유하고 있어도 동시에 두 대의 차에 발을 걸치고 운전할 수 없고, 아이스크림 가게에 진열된 모든 맛을 종류별로 살 수 있어도 한꺼번에 먹을 수 있는 가짓수는 몇 개 안 되듯 말이다. 그렇기 때문에 어디에 돈과 시간을 썼느냐는 그 사람의 생활, 가치, 취향, 문화를 파악하는 '지표 질문'이 된다.

미술관과 팝업스토어가 흥행하는 이유

‘데이트’라는 말이 요즘 같은 비혼 시대엔 다소 낡게 들릴 수도 있다. 그런데 여기서 말하는 데이트는 남녀의 연애로 한정된다기보다 ‘특별히 시간을 내서 누군가를 만나는 일’, ‘계획한 만남’, ‘주의 깊게 여가 보내기’ 정도로 이해하면 된다. 이 의도를 설명한 뒤 학생들과 젊은 소비자들에게 다시 물었다. 그들의 답은 이랬다. “놀이공원은 잘 안 가요.”

한 번쯤 가봤으면 됐고, 덥고 춥고 줄 서는 과정이 많아 데이트에 적합하지 않다는 것이다. 그렇다면 어디를 갈까? 그들은 미술관과 팝업스토어를 꼽았다. 흥미로운 점은, 그들이 미술을 공부하러 가거나 상품을 구매하러 가는 것이 아니라는 사실이다. 미술관의 작품이나 팝업스토어의 신상품보다 더 중요한 것은 그 공간을 즐기는 ‘나’다. 작품과 상품이 있는 장소, 그 장소를 배경으로 시간을 보내는 ‘나’, 그 공간 속에서 발견되는 ‘나’를 경험하기 위해 그곳을 찾는다.

팝업스토어는 기업이 가진 감각과 기술을 총동원해 만든 압축된 무대다. 작은 공간 안에서 소비자의 감각을 깨우고, 기업이 하고 싶은 이야기를 가장 밀도 있게 보여주는 구조물이다. 그러나 소비자는 그곳에 ‘무언가를 사러’ 가는 것이 아니다. 그 공간에서의 경험, 사진, 분위기, 분위기 속의 ‘나’를 수집하러 간다.

공간이 메시지의 전달자일 때, 설득은 어떻게 달라지는가

그렇다면 기업은 헛수고를 하는 것일까? 그럴 수도 있고 아닐 수도 있다. 목적과 설계에 따라 결과는 달라진다. 지금도 사람들은 신제품 맥주 정보를 TV 광고로 접하고, 새로운 앱을 유튜브 콘텐츠의 PPL로 발견한다. 하지만 소비자는 더 이상 TV 앞에 오래 머물지 않는다. 유튜브 광고는 대부분 스킵되고, 셀럽의 메시지라도 내 취향이 아니면 흘려듣기 일쑤다. 넘쳐나는 정보 속에서, '나와 무관한 의도적 메시지'는 쉽게 사라진다.

그러나 팝업스토어는 소비자가 스스로 찾아가는 공간이다. 내가 즐기고 싶어서 가는 곳, 사진을 찍고 싶어 방문하는 곳, '내 시간'을 투자해 들어가는 곳이다. 그런 공간에서 소비자가 메시지를 받아들이는 태도는 달라진다. 방해받는 대신 초대받는 느낌이 들고, 의심 대신 호기심이 생기고, 경계심 대신 몰입이 일어난다. 결과적으로 '나 자신이 중심이 되는 공간'에서 기업의 이야기는 더 깊게 내재화된다.

그래서 요즘의 데이트 코스에 미술관과 팝업스토어가 들어간다는 사실은 사소한 문화적 취향이 아니다. 소비자들이 어떤 방식으로 브랜드와 경험을 받아들이는지를 읽게 해주는 중요한 단서다. 그렇기에 공간 마케팅과 팝업스토어는 ROIReturn On Invest-ment(투자 대비 수익률) 검증 요구가 높음에도 불구하고, 여전히 기

업의 핵심 설득 툴로 자리 잡고 있다. 그리고 그 중심엔 놀이공원
의 어트랙션을 공략하듯 '팝업스토어 투어 코스'를 계획해 순례하
듯 방문하는 젊은 세대가 존재한다.

다이소는 어떻게 '경험 실험실'이 되었나?

〈한국경제신문〉에 "오마카세엔 돈 팍팍 쓰더니 2030 사이 필수된 이것"이라는 제목의 기사가 실린 적이 있다. 고물가·고금리 시대를 맞아 'YOLO You Only Live Once'에서 'YONO You Only Need One'로 소비 태도가 이동한다는 내용이었다. 즉 '지금을 즐기자'에서 '필요한 것만 갖자'로 무게중심이 이동하고 있으며, 이러한 변화가 알리나 테무 같은 중국형 커머스 플랫폼과 다이소 같은 저가형 생활용품 매장의 인기를 높였다는 설명이다.

그러나 나는 이 현상을 단순히 "가성비를 선호한다"는 말로는 온전히 설명할 수 없다고 본다. 가성비를 싫어하는 소비자는 본래 없다. 누구나 가격 대비 성능이 좋다면 마다할 이유가 없다. 2030세대가 다이소, 알리, 테무를 좋아하는 핵심 이유는 '싸다'가 아니라 '저렴한 가격으로 많은 경험을 시도할 수 있다'는 데 있다.

부담 없이 실험해볼 수 있다

인테리어가 대표적이다. 월세, 전세 등 이동 가능성이 큰 주거 형태에서는 큰돈을 들여 공사를 하기가 어렵다. 언젠가 이사를 갈지도 모르는데 수백만 원을 투자하기는 부담스럽다. 하지만 작은 공간일수록 오히려 꾸미고 싶은 욕망은 커진다. 나만의 집, 나만의 방을 처음 얻은 젊은 세대라면 더더욱 그렇다.

여기서 다이소는 '경험 실험실'이 된다. 천 원짜리 소접시부터 5천 원짜리 파스타 접시까지, 취향에 갖는 스페인풍·일식풍·스칸디나비안풍 식기들이 즐비하다. 홈파티를 열어 근사한 레스토랑처럼 식탁을 꾸미는 데도 큰 비용이 들지 않는다. LG에서 파는 '티운'이나 식물 조명 없이도 '식물 키우기 키트'로 식집사 경험을 해볼 수 있고, LED 마스크나 고가의 피부과 시술 대신 '리들샷 앰플' 같은 홈케어 제품으로 나 자신을 아껴주는 새로운 미용 루틴을 실험해볼 수도 있다.

이제 다이소는 생활용품점이 아니라 일종의 경험 플랫폼처럼 보인다. 식재료 코너와 생활용품 코너는 이마트처럼 변하고, 화장품 코너는 올리브영처럼 변하고, 심지어 약국에서 판매하는 제품 카테고리까지 스며든다. 비타민 B·C·D, 칼슘, 마그네슘, 오메가3에 이르기까지 3천~5천 원대에 선택지가 다양하다. 한정된 예산 안에서 더 많은 경험을 탐색하고 싶은 젊은 소비자에게 이만한 실험실이 없다.

'낭만'이라는 단어의 귀환

네이버 트렌드 데이터를 보면 '낭만'이라는 단어는 최근 몇 년간 가장 가파르게 증가한 키워드 중 하나다. 부산 여행에서 중요한 건 '부산' 자체가 아니라, 부산의 한 골목길에서 만난 전봇대 나무들, 달맞이고개 높은 곳에서 발견한 예상치 못한 풍경, 우연히 들어간 광안리 해변가의 작은 식당이 전해준 감동이다.

길을 잃어도 괜찮다. 계획한 다음 장소에 늦어도 괜찮다. 목적지에 가지 못해도 괜찮다. 그 순간을 "낭만이었다"라고 말할 수만 있다면 충분하다. 좁은 식당 문 앞에서 줄을 서서 오래 기다리는 일, 야구장에서 비를 맞으며 내가 응원하는 구단의 경기를 직관 하는 일, 누군가에게 손글씨로 엽서를 쓰거나 사랑하는 사람과 함께한 순간을 기록하기 위해 오래된 필름 카메라를 꺼내는 일까지 모두 낭만으로 재해석된다.

어떻게 갑자기 낭만이 샘솟는 시대가 되었을까? 지금이 아닌 다른 때, 여기가 아닌 다른 곳을 꿈꾸는 청개구리 성향 때문일까? 그래서 어딘가 부족하고 오래 걸리고 오래된 것을 그리워하는 걸까? 그렇다고 그들이 과거만을 향수하거나, 불편함만을 즐기는 것은 아니다. 젊은 세대는 혁신적인 것도 동시에 사랑한다. 오프라인과 온라인을 매끄럽게 연결하는 경험, 끊김 없이 작동하는 기기, 한 글자만 입력해도 원하는 이미지를 촥 펼쳐 보이는 생성형 AI처럼 첨단 기술이 제공하는 '새로운 세계의 가능성'에도 깊게 반응한다. 이 시대의 소비자들에게 이 두 가지는 모순이 아니다. 낭만과 혁신을 동시에 추구하는 욕망 그리고 새로운 경험을 가능한 한 많이 시도하고 싶은 마음, 이 두 가지가 결합된 결과다.

다이소의 역할은 바로 여기에서 선명해진다. 뷰티 테크, 홈케어, 집 꾸미기, 테이블 데코, 식물 기르기처럼 젊은 소비자들이 '새로운 경험'을 시도하기 위해 필요한 문턱을 다이소가 크게 낮춰준다. 큰돈을 잃을 걱정 없이 실패를 두려워하지 않고 경험 실험을 마음껏 할 수 있게 하는 것이다.

다이소가 상징하는 것은 '저가'가 아니라 '문턱의 해체'다. 젊은 소비자는 더 적은 비용으로 더 많은 경험을 시도하면서 어떤 취향이 자신에게 맞는지 탐색하고, 나를 구성하는 요소를 끊임없이 업데이트한다. 이 과정 자체가 하나의 소비 여정이 되고, 그 여정에서 발견한 '내가 좋아하는 방식'이 새로운 정체성을 만든다.

기업에게 이는 중요한 신호다. 소비자는 이제 제품을 고르는 것이 아니라 나의 취향, 나의 생활, 나의 세계를 구성해주는 도구를 선택한다. 그 과정에서 가장 먼저 선택받는 기업은, 시도할 수 있는 자유, 즉 부담 없이 경험을 시작하게 만드는 힘을 제공하는 기업일 것이다. 다이소의 인기는 그래서 단순한 '가성비 트렌드'의 문제가 아니다. 삶의 새로운 가능성을 작은 소비를 통해 실험해보고 싶은 사람들, 그렇게 경험을 수집하고자 하는 사람들, 그리고 그 경험을 통해 자기 삶을 새롭게 디자인해보고자 하는 사람들이 오고 있음을 보여주는 신호다.

셀프 분석에 빠진 사람들을 이해하는 방법

젊은 소비자들은 왜 이토록 셀프 분석에 열광할까? 잠깐 유행하고 사라질 줄 알았던 MBTI는 대학 기숙사 룸메이트 매칭에 쓰이고, 팀 프로젝트 구성에도 활용된다. 학생들은 강의계획서에 교수님의 MBTI가 함께 기재되길 바라기까지 한다. 유형 한 글자로 교수의 평가방식이나 커뮤니케이션 스타일을 미리 파악할 수 있을 것이라 기대하기 때문이다.

학계가 "신빙성 있는 심리진단 도구로 보기 어렵다"고 지적해도, MBTI를 직무 요건과 인재상 기술에 활용하는 기업이 늘고 있다. 간단하고 무료라서 유행하는 것이라고 단정하기 어렵다. 한 회 10만 원이 넘는 유료 퍼스널 컬러 진단과 헤어 스타일 진단 역시 예약이 쉽지 않을 정도로 수요가 높고, 골격·체형 분석과 유전자 검사를 찾는 사람도 적지 않다. 시간과 비용을 들여서라도 나를 더 정확히 알고 싶다는 욕망이 폭발적으로 증가하고 있다. 이 흐름은 단기에 소진될까, 아니면 앞으로 더 확장될까?

자아 해석의 시대: '나'를 소비하는 새로운 방식

셀프 분석에 열광하는 것은 결국 '자기를 소비하는 방식'의 변화다. 소비를 물건이 닳아 없어지는 행위로만 이해하던 시대는 지났다. 요즘 소비자에게 소비란, 좋아하는 대상을 빛나게 하기 위해 시간을 쓰고 주목하고 애정을 투자하는 행위 전체를 의미한다.

팬들이 자신이 좋아하는 아이돌을 빛나게 하는 덕질을 생각해보면 소비의 개념이 어떻게 확장되었는지 쉽게 알 수 있다. 소비자는 이제 자기 자신에게도 동일한 방식의 소비를 적용한다. 나에 대해 더 깊이 알고 싶고, 구체적으로 분석받고 싶고, 개별성을 확인하고 싶어 한다. 셀프 분석 서비스는 이런 욕망을 충족시키며 '심화 → 구체화 → 개별화'라는 과정을 통해 자아 발견과 자아 유지, 그리고 때로는 자아 과시까지 가능하게 한다.

여기에는 문화적 요인이 크게 작용한다. 한국 사회는 오랫동안 동조성을 중요하게 여겼다. 정해진 틀 안에서만 개성을 허용하는 분위기 속에서 독특해지고 싶은 욕망need for uniqueness은 늘 존재했지만 표현할 여지가 적었다. 글로벌 Z세대 전체가 자아 탐색을 즐긴다 해도, 한국에서 셀프 분석 서비스가 유독 활황을 보이는 이유는 바로 이 '획일성에 대한 비동조 욕구'가 소비 행위로 표출된 경우로 볼 수 있다.

선택지가 폭증한 것도 영향을 미쳤다. 발레코어룩, 고프코어룩, 성수동룩, 홍대입구룩 등 디테일하게 분화된 취향을 매일 선택해야 하는 시대에, 소비자는 '나의 기준점'을 찾으려 한다. 웜톤 쿨톤 같은 안정적인 기준을 하나 확보해두면 화장품도 패션도 더 효율적으로 선택할 수 있다. 시간과 비용을 아끼려면 나에게 맞는 선택지를 좁히는 편이 낫기에, 셀프 진단은 실용적인 투자로 여겨진다.

또한, 젊은 세대는 '반 전체가 같은 아이돌 그룹을 좋아하던 시대'를 살지 않았다. 스무 명이면 스무 가지 취향이 공존했고, 모두가 각기 다른 팬덤에 속한다. 아무도 모르는 외국 래퍼에 열광하는 학생이 있는가 하면, 지극히 마니악한 애니메이션 덕후도 있다. 그리고 이 스무 명의 취향이 전부 충족되는 시대에 살고 있다. 이 경험은 '사람은 모두 다르다'는 전제를 깊게 받아들인 세대적 감각을 만들었다. 그렇다면 나를 더 명확히 알아야 나에게 맞는 세계를 구성하기 쉽다고 생각하는 것이다. 이는 실용성과도 맞닿아 있다. 나를 알면 이후 쉽고 빠르게 선택을 내릴 수 있기 때문이다. 자기 파악이 끝났다면 이렇게 선언할 수 있다.

> "나는 외향적이야. 나는 이런 소통방식을 선호해. 그러니까 나는 이런 사람과 팀플을 하고 싶고, 기숙사는 이런 사람과 함께 쓰고 싶어."
> "내 가치관은 이래. 그러니까 이러저러한 문화가 있는 직장에 다니고 싶어."

물론 이런 셀프 분석 서비스에는 폐해도 있다. 자아는 고정 불변이 아니다. 변화한다. 확장되기도 한다. 내가 나를 잘 몰라봤을 수도 있다. 최선의 나보다 나와 잘 안 맞아도 새로운 스타일을 시도해보면 그 자체가 삶에 활력을 주기도 한다. 그러니 쉽게 결론을 내려서 '나는 이런 스타일은 안 맞아', '나는 이런 일은 잘 못해', '재랑 나는 안 맞아' 하는 식으로 자기 틀에서 빠르게 결론을 내리면 장기적인 측면에서 결국 손해가 될 수도 있다.

기업이 읽어야 할 방향: 해석·존중·전문성

셀프 분석 열풍은 기업에도 도전 과제를 제시한다. 자기 탐색의 욕구가 강해진 시대에 기업이 할 일은 크게 세 가지다.

첫째, 소비자가 자신을 이해하는 데 필요한 도구와 경험을 제공해야 한다. 소비자가 그렇게 이해한 자신의 정체성을 드러낼 수 있는 요소를 도입할 방안에 대한 고민을 시작해야 한다. 개인 분석과 진단이 업의 본질인 기업뿐 아니라, 여타 기업도 소비자가 자기 정체성을 반영해 제품을 선택할 수 있도록 브랜드에 유연성을 포함시켜야 한다.

이 책의 전반부에서 주로 개인이 경험하는 서비스 산업에서의 사례를 통해 주제를 설명했다. 제조업이나 기업 간 거래(B2B) 산업에 종사하고 있는 독자라면 이 내용이 본인의 분야에도 필요할지 의구심이 들 수도 있다. 그런 독자들을 위해 제조업의 사례도 추가한다.

지난 몇 년간 '냉장고 전쟁'이라 이름 붙일 만했던 치열한 냉장고 브랜드들 간의 경합은 바로 이 지점에서 일어났다. 냉장고 브랜드들은 전달하고자 하는 메시지의 중심을 상품 중심에서 소비자로 옮겼다. 식품을 얼마나 신선하게 오래 보관할 수 있느냐가 아니라 이 냉장고가 구매자의 주방 인테리어와 얼마나 잘 어우러

지느냐로 가치의 본질을 전환한 것이다.

과거 소비자들은 냉장고를 선택할 때, 작동 시 소음이나 탈취 기능 등을 고민했다. 그러나 이제는 이 냉장고가 설치될 공간과의 조합이나, 냉장고를 둘 업장의 특성과 어떤 시너지를 일으킬 수 있을까를 상상한다. 즉 냉장고를 '추가 기능/업그레이드 기능으로 문제를 해결하는 기계'가 아니라 '내가 어떤 공간에서 어떻게 살고(일하고) 싶은지, 그 안에서 나는 어떤 사람으로 보이고 싶은지'를 상상하게 만드는 매개체로 바꾼 결과다.

개인화Personalization의 성공 사례는 다른 곳에서도 쉽게 찾을 수 있다. 현대카드는 무신사, 스타벅스, 배달의민족처럼 소비자가 일상적으로 사용하는 브랜드의 상징을 그대로 카드 디자인에 반영했다. '내 라이프스타일을 닮은 카드'를 소지하는 재미를 준 것이다.

예컨대 무신사 현대카드는 무신사 오프라인 매대, 신발 박스, 케어 라벨 등 '구매와 착용 여정에서 마주치는 단서'를 카드 플레이트에 옮겨 사용자가 정체성을 시각적으로 표현하게 했다. 배민 현대카드는 떡볶이, 계란프라이 같은 음식 이미지를 디자인으로 확장해 '내 취향을 들고 다니는 재미'를 강화했다. 파트너 기업(B2B)에게는 고객의 일상(지갑) 속에 상시적으로 머물 수 있는 '물리적 접점'을 하나 더 제공하고, 소비자(B2C)에게는 선호하는 브랜드나 라이프스타일에 대한 소속감을 드러내는 '표현의 신호'

를 제공한 셈이다.

신한카드는 여기서 한 발 더 나아가 다른 방식의 개별화를 시도했다. 사용자의 생일이나 결혼기념일처럼 특별한 날짜를 입력하면 그날의 우주 이미지를 카드로 제작해주는 방식이다. 이는 개인의 정체성과 기억을 시각적으로 각인시키는 개인화를 실현한 사례다. 애플 역시 아이메시지iMessage에서 헤어스타일이나 피부톤, 주근깨나 점, 직업 등 현실의 정체성을 반영한 다양한 이모지를 직접 선택하거나 조합하게 함으로써, 사용자가 자신의 감정과 이미지를 더욱 섬세하게 표현하도록 돕고 있다.

이 사례들은 하나의 방향을 가리킨다. 사람들은 자기 자신을 정확히 알고 싶어 하며, '나'를 표현할 수 있는 구체적 장치를 원한다는 사실이다. 그리고 기업의 역할은 그 표현을 더 정교하게, 더 진짜 나답게 구현할 수 있게 돕는 데 있다. 앞선 사례의 기업들은 소비자에게 "당신은 특별하다"고 말하는 동시에, 그들의 정체성을 드러낼 수 있는 구체적인 도구를 제공함으로써 제품의 차별화에 성공했다.

둘째, 다양성을 존중해야 한다. 소비자는 자신의 정체성이 부정당한다고 느끼는 순간 빠르게 등을 돌린다. 이 시대의 소비자는 하나의 중심적 규범이 아니라 다양한 정체성이 공존하는 환경을 당연한 것으로 여긴다. 무심코 배제나 무시의 뉘앙스를 풍기면,

시대정신을 이해 못 하는 뒤떨어진 기업이라는 낙인이 찍힐 것이다.

이 분야에서 다양성을 제품 철학과 고객 경험 설계의 기본값으로 끌어올린 대표적인 기업이 마이크로소프트다. CEO인 사티아 나델라 Satya Nadella는 장애를 가진 아들을 돌보며 체득한 다양성에 대한 감수성을 경영 전반에 녹여냈다. 그 결실 중 하나가 'Xbox 어댑티브 컨트롤러'다.

이 제품은 기존 컨트롤러를 사용하기 어려운 이용자들이 자신의 신체 조건에 맞춰 입력 장치를 자유롭게 조합할 수 있도록 설계되었다. 이는 단순한 사회적 배려를 넘어 소외되었던 이용자층을 포섭한 전략적 선택이었다. 또한 시각장애인을 위한 'Seeing AI' 앱은 카메라 기반 AI로 사물과 장면 정보를 음성으로 안내함으로써 일상의 장벽을 낮췄다.

마이크로소프트의 두 사례는 다양성 존중이 수사에 그치지 않고 제품의 설계 단계부터 반영되어 기업의 혁신을 이끄는 핵심 경영 전략이 될 수 있음을 보여준다. (다양성이라는 시대정신은 제로 맥주를 찾는 주류 산업이나 저칼로리 아이스크림이 각광받는 푸드 산업에서도 여실히 드러난다. 이에 대한 상세한 내용은 뒷장에서 다시 다루겠다.)

반면 다양성을 간과해 실패한 사례도 존재한다. 과거 아베크롬비앤피치 Abercrombie & Fitch는 인종차별적 마케팅과 특정 체형만을 고집하는 획일적 기준으로 브랜드를 운영하다 소비자들의 거센 외면을 받았다. 콘텐츠 산업 역시 마찬가지다. 다양성을 반영한 서사가 대중의 지지를 받는 반면, 과거의 단정적인 정체성만을 강요하는 서사는 설 자리를 잃고 있다. 이는 브랜드가 타깃팅하는 소비자들의 정서가 과거와는 달라졌음을 시사한다.

셋째, 전문성을 갖춘 큐레이션 능력이 필요하다. 소비자는 '옵션 나열'이 아니라 '맞춤형 정답 제안'을 원한다. CJ가 MBTI 유형별로 광고 문구를 다르게 제작한 것도 이런 맥락에서 이해할 수 있다. 20대 여성이나 20대 남성처럼 거친 분류가 아니라, 사고 방식의 차이 T/F 수준에서 콘텐츠를 조정해 클릭률을 높인 것이다. 데이터 기반의 감각과 해석 능력이 있어야 가능한 전략이다.

그토록 개인화, 맞춤형 경험을 원한다더니, 막상 100가지 옵션을 제안하면 소비자는 오히려 더 싫어한다며 기업은 하소연한다. 이유는 단순하다. 고객이 원하는 것은 '백 가지 선택의 자유'가 아니라 '나에게 딱 맞는 결론'이기 때문이다. '나만의 경험'을 얻기 위해 추가적인 노력과 피로까지 떠안고 싶어 하는 소비자는 없다.

이를테면 '나만을 위한 파운데이션'을 만든다며 피부색, 머리색, 눈동자색은 물론, 피부의 건조/유분 상태, 시간대별 피부 변화, 수면 패턴, 식습관, 목주름 상태까지 30가지 질문을 던진다고 상상해보자. 맞춤형이라는 명분 아래 설문과 입력이 길어지는 순간, 경험은 특별해지기는커녕 지치고 번거로운 숙제가 된다. 소비자가 원하는 것은 '과정을 견뎌서 얻는 개인화'가 아니라, 과정의 번거로움 없이 곧장 도달하는 개인화다.

그래서 필요한 것이 바로 큐레이션 능력이다. 전문성을 갖춘 알고리즘이나 전문가가 사용자의 맥락을 즉각 이해하여 필요한 질문만 최소화하고, 그 산업에 대한 식견을 바탕으로 정답에 가까운 솔루션을 제안해야 한다. 개인화의 본질은 옵션을 늘리는 것이 아니라, 고객의 질문—"내 스타일의 도서는?", "내 취향의 영화는?", "나에게 맞는 여행지는?", "내 몸에 최적의 영양제는?"—에 대해 나를 이해하는 동시에, 업業을 아는 브랜드가 확신이 담긴 '결론'을 제공하는 것이다.

또한 이 장에서 제시한 세 가지 전략은 독립적인 선택지가 아니다. 진정한 성과는 대개 이 요소들이 유기적으로 결합될 때 나타난다. 예를 들어 자아 탐색을 돕는 도구만 제공하고 전문적인 큐레이션이 뒤따르지 않는다면, 개인화는 '맞춤'이 아닌 '선택지의 홍수'가 되어 결정 피로만 키울 뿐이다. 따라서 기업이 설계해야 할 것은 더 많은 개인화가 아니라, 더 적은 노력으로 더 큰 확신을 주는 개인화여야 한다.

셀프 분석 열풍이 남긴 질문

Z세대의 셀프 분석 열풍은 단지 재미 있는 소비 현상이 아니다. '나를 위한 최적의 삶'을 만들고 싶어 하는 욕구와, 이를 실현할 도구가 폭발적으로 늘어난 환경이 맞물려 탄생한 구조적 변화다. 이러한 변화를 주도하기 위해 기업들은 다음의 세 가지 본질적 질문에 대해 고민하고 답을 내려야 한다.

첫째, '선택지'가 아닌 '결론'을 줄 수 있는가? 소비자가 원하는 것은 나만의 경험을 위한 다양한 선택지, 그 자체가 아니다. '나에게 딱 맞는 결론'에 도달하게 돕는 가이드다. 그렇다면 기업은 개인화를 명분으로 선택지와 입력을 늘리기보다, 고객의 노력과 피로를 줄이는 설계를 어떻게 만들 것인가에 집중해야 한다.

둘째, '소외 없는 다양성'을 포용하고 있는가? 개인화가 정교해질수록 특정 집단을 배제하거나 고정관념을 가지고 차별할 리스크도 커진다. 브랜드는 개인의 특성을 존중하면서도 그 누구도 소외되지 않는 보편적 다양성을 경험 설계에 어떻게 녹여낼 것인가를 고민해야 한다.

셋째, 추천의 '근거'를 투명하게 제공할 수 있는가? 추천 경쟁이 치열해질수록 소비자들은 무엇을 추천하느냐를 넘어 왜 그것을 나에게 추천했는지를 묻게 될 것이다. 기업은 단순한 결과 제공을 넘어 전문성(큐레이션)과 책임(투명성)을 어떤 방식으로 입증하여 고객의 신뢰를 얻을 것인지에 대해 생각해야 할 것이다.

개인화는 기능을 덧붙이는 작업이 아니다. 고객이 덜 지치고 더 확신할 수 있도록 기준·다양성·책임을 입체적으로 설계하는 과정이다. 결국 기업의 승부는 전략의 선택이 아니라, 이 세 가지 요소를 얼마나 유기적으로 연결하느냐에 달려 있다. 형태만 개인화해서는 시장의 선택을 받을 수 없다. 소비자는 자신을 깊이 이해하고 해석해주는 브랜드, 그리고 그 판단이 데이터와 전문성에 근거하고 있음을 투명하게 증명하는 브랜드를 따를 것이기 때문이다.

맞춤형 좋아 vs. 고르기 귀찮아, 진짜 소비자의 마음은?

샌드위치 프랜차이즈 써브웨이가 '썹픽'이라는 메뉴를 처음 세상에 내놓았을 때 많은 이들이 의아해했다. 취향대로 빵·치즈·야채·소스를 고르는 것이 써브웨이의 가장 큰 장점이었는데, 왜 그 강점을 뒤집는 듯한 메뉴가 등장했을까?

실제로는 소비자들의 모순처럼 보이는 심리('내 취향대로 하고 싶다'와 '고르는 건 귀찮다')가 같은 뿌리에서 나온다는 점을 건드린 시도였다. 복제품 사이에서 나만의 것을 찾고 싶은 마음, 그러나 수많은 선택지 앞에서 망설이며 피로를 느끼는 마음, 두 감정 모두 선택의 부담 없이 자유를 누리고 싶다는 동일한 욕구에서 비롯된다.

소비자는 공장에서 찍어낸 듯한 동일한 아파트 구조 안에서도 자기 개성을 드러내고 싶어 하고, 물건을 자아의 확장으로 활용하며 삶의 정체성을 표현하고 싶어 한다. 그러나 모든 소비에서 자아를 개입시키고 싶지는 않다. 특히 반복적으로 사는 카테고리에서는 '이번엔 그냥 누가 정해줘도 괜찮아'라는 마음이 생긴다.

선택 피로와 정체성의 경계

앞에서 나답게 살 수 있도록 돕는 상품을 원하지만 이를 위한 인식적 수고와 비교의 번거로움은 거치기 싫어하는 소비자 심리에 대해 언급했다. 그러나 실제 시장에서 이런 모순적인 소비자의 심리를 완벽히 맞춰내는 상품을 구현해내기란 쉽지 않다. 따라서 여기에서는 조금 더 구체적으로 산업과 제품의 특성에 따라 강조점이 달라지는 소비자 심리를 분석해보겠다.

먼저, 정체성을 드러내지 않아도 되는 제품군에서는 브랜드의 추천이 오히려 만족감을 높인다. 써브웨이의 '썹픽'이나 베스킨라빈스의 '대중픽'처럼 실패 비용이 낮은 카테고리는 선택을

경험수집가의 시대

타인의 손에 맡기는 일이 두렵지 않다. 가격대가 낮고 구매 주기가 짧은 만큼, 브랜드가 제안하는 새로운 조합을 가볍게 시도해보는 일은 오히려 '작은 변주'의 즐거움이 되기도 한다.

반대로 정체성을 구성하는 제품군에서는 상황이 달라진다. 자신을 표현하는 도구로 활용되는 상품, 장기적으로 사용하는 서비스, 사회적 자아를 반영하는 카테고리에서는 '나만의 것'에 대한 관심과 집착이 더 강해지고, 소비자는 번거로운 절차도 감수하려는 태도를 보인다.

예를 들면 향수 같은 것이다. 샌드위치를 고를 때와는 다르게 소비자들은 향수를 선택할 때 다소 시간이 걸리더라도 자신의 정체성을 투영하고 담을 시그니처 향을 찾으려는 욕구가 강하다. 다만 여기에서도 '피로도의 한계'는 존재한다. 자신에게 꼭 맞는 맞춤형 경험을 얻기 위해 넘어서야 하는 과정의 피로도가 지나쳐서는 안 된다.

기술이 지우고 있는 번거로움의 자리

생성형 AI는 이 지점을 정확히 꿰뚫고 진입하고 있다. 정형화된 질문에 일일이 답하지 않아도 되고, 피부나 얼굴을 스캔하면 알아서 골격·색·밸런스를 분석해 최적의 스타일을 추천해준다.

최근 등장한 온라인 헤어 컨설팅 회사는 얼굴 비율과 스물다섯 가지 골격 특징을 분석해 290만 가지 유형으로 분류하고, 여기에 전문가의 감수를 얹어 최종 스타일링을 제안한다고 설명한다.

실제 기술 수준은 외부에서 검증하기 어렵지만, 소비자들이 기대하는 '노력 없는 맞춤형'의 요구를 만족시킨다는 점에서는 매력적이다. 나보다 훨씬 많은 데이터를 가진 기술이 나를 대신 진단하고 판단해준다는 믿음은 소비자의 불안을 줄이고 선택의 부담을 덜어준다.

콘텐츠 산업이 알고리즘 기반 추천으로 소비자들의 기대치를 이미 끌어올린 것도 한몫한다. 넷플릭스가 영화를, 유튜브가 영상을 선별해 제안하듯, 소비자들은 업종의 경계를 무시한 채 동일한 편의를 모든 영역에서 기대한다. '영화 취향도 맞춰주는데, 헤어스타일이나 메이크업, 패션 취향도 맞춰줄 수 있지 않을까?'라는 자연스러운 확장 기대가 생기는 것이다.

산업별로 맞춤형의 구현 방식은 다르다. 콘텐츠 산업은 수많은 자료 속에서 적합한 대안을 선별해 제안하는 능력이 핵심이고, 제조업은 물리적 제품의 요소를 어느 정도 변형해야 하며, 서비스업은 소비자 개인을 해석해 새로운 솔루션을 창조해야 한다. 비스포크 냉장고처럼 물리적 제약 안에서 커스터마이징 가능한 범위를 넓혀가거나, 소프트웨어 기반의 맞춤 설정을 제공하는 방식은 제조업의 현실적 선택이다. 반면 서비스업은 개인의 두상, 피부 톤, 체형처럼 절대적으로 고유한 요소를 바탕으로 한 해석과 설계가 요구되며, 이 지점에서 맞춤형의 깊이가 가장 크게 발현된다.

선택의 피로를 줄이고 실패 가능성을 최소화하려는 소비자의 심리는 AI와 전문가, 알고리즘이 제공하는 큐레이션을 더욱 매력적인 선택지로 만든다. 퍼스널 컬러나 스타일링 진단처럼 비교적 높은 비용을 지불하더라도 여러 해 동안 반복적으로 활용할 수 있다는 '가실비'의 기준은 젊은 세대에게 특히 중요하다.

표면상으로는 누가 정해주길 바라는 소비자 행동 뒤엔 커스텀이 좋아서도, 상품을 고르기 귀찮아서도 아닌 또 다른 소비자 심리가 있다. 바로 '실패 비용을 줄이고 싶은 심리'다. 따라서 "내가 직접 선택할래요"와 "대신 정해줘요" 사이를 가르는 소비자 심리의 결정적 기준은 '나만을 위한 최적의 솔루션을 위해 감수해야 할 시행착오의 위험이 얼마나 큰가'와도 연결된다. 최근의 기술은 이 다층적인 마음을 정교하게 포착하며 선택의 부담을 지우고 있다. 덕분에 소비자는 그 빈자리에 더 깊이 몰입할 수 있는 자기만의 삶의 경험들을 채워 넣고 있다.

없는 것이 꼭 나쁜 것만은 아니다. 통장 잔고가 0원이라거나 수익률이 제로라면 기겁할 일이지만, 지금 시장에서 '제로'는 전성기를 누리고 있다. 가까운 슈퍼마켓 매대만 훑어봐도 제로 맥주가 줄줄이 깔려 있다. 클라우드 클리어 제로, 하이트 제로 0.00, 카스 제로, 테라 제로, 칭따오 논알콜릭, 하이네켄 0.0, 버드와이저 제로, 벡스 논알콜릭, 아사히 드라이 제로, 삿포로 프리미엄 알코올 프리, 기린 프리, 코로나 선브루, 칼스버그 0.0 등 눈에 띄는 제품만 세어도 열세 가지가 넘는다. 탄산음료와 아이스크림도 마찬가지다. Z세대가 가장 사랑하는 디저트 메뉴인 아이스크림 시장에는 저칼로리, 제로 아이스크림이 오래된 브랜드부터 신생 브랜드까지 쏟아져나오고 있다. 말 그대로 '무無의 시대', 제로의 시대다.

며칠 전 마트에 들렀을 때도 가장 먼저 느껴진 변화는 주류 코너였다. 수입 맥주, 수제 맥주, 신규 브랜드가 늘어난 탓만은 아니었다. 예전보다 훨씬 넓어진 매대를 가득 채우고 있던 것은 제로 맥주였다. 굳이 왜 물이 아닌 '맥주 맛이 나는 무알코올 음료'를 마실까. 사람들은 왜 이렇게까지 제로에 열광하는 걸까.

운전 때문에 음주를 할 수 없지만 회식 자리의 분위기는 함께 즐기고 싶은 사람들, 건강상의 이유로 금주해야 하지만 맥주 특유의 맛과 탄산의 짜릿함은 포기하고 싶지 않은 사람들, 임산부지만 남편과 함께 맥주를 기울이는 듯한 '기분'을 만끽하고 싶은 사람들. 이들에게 제로 맥주는 단순히 '술이 아닌 대체품'이 아니라, 하고 싶은 것과 피하고 싶은 것 사이의 간극을 메워주는 절충안이다.

나 역시 닥터페퍼 제로, 코카콜라 제로를 자주 마신다. 삼겹살을 먹을 때 그 강렬한 단맛과 탄산의 쏘는 맛만큼 잘 어울리는 조합도 드물다. 그렇다고 고기와 당분 가득 음료를 동시에 마셔 '두 배로 살이 찌는 느낌'을 감수하고 싶지는 않다. 그렇다면 답은 간단해진다. 입가심용 탄산의 즐거움은 유지하되 칼로리는 최소화하는 방향, 즉 제로를 고르는 것이다.

Z세대가 사랑하는 아이스크림을 떠올려보자. 아이스크림을 먹으면서 가장 크게 느끼는 불편과 불안은 칼로리에 대한 걱정이다. 맛있긴 한데, 한 번 더 먹을지 말지 고민하게 만드는 것도 결국 칼로리다. 저칼로리 아이스크림이라고 해서 다 안심되는 것도 아니다. 우유 특유의 진한 묵직함이 줄어들어서 질감이 '얼음 같지는 않을까' 하는 불안, 선택 가능한 맛이 지나치게 제한될까 하는 실망감도 함께 따른다.

소비자의 이 복합적인 불안감을 해소해낸 대표적인 제품 브랜드가 '라라스윗'이다. 출시된 지 얼마 되지 않았음에도 2024년 초에는 편의점 CU에서 국내 유명 브랜드를 제치고 아이스크림 매출 1위를 기록했다. 저당·저칼로리 아이스크림을 원하는 소비자들이 이미 충분히 존재하고, 기술력만 뒷받침된다면 '제로 아이스크림'이라는 이름을 단 신제품들이 더 자주 등장할 것임을 예고하는 사례다.

제로 상품이 만든 새로운 감각, 제로 정신으로 확장되다

가치관이 한 사회의 인식 틀로 자리 잡는 데는 오랜 시간이 걸린다. 그런데 그 가치관이 우리가 매일 쓰고 먹는 생활용품과 식품의 형태로 구현되기 시작하면 이야기가 달라진다. '제로'라는 개념은 처음에는 제품의 속성을 설명하는 기능적 언어였지만, 이제는 생활방식과 사고방식을 표현하는 문화적 언어로 확장되고 있다.

제로 상품을 사용하는 행위는 그 자리에서 소비로 끝나지 않는다. 알코올 프리, 제로 칼로리, 저당, 저지방과 같은 제품은 '즐거움은 유지하되 불편과 부담은 줄이고 싶다'는 태도를 반복 학습시키며, 결국 소비자가 세상을 보는 기본값을 바꿔놓는다.

문화는 공기와 같아서 그 안에 사는 사람에게 잘 보이지 않는다. 크고 느리게 그리고 여러 요소가 겹쳐지며 변한다. 반면 상품은 손에 잡히고, 가격표가 붙고, 매대에 진열되며, 눈에 띄게 '등장'한다. 제로 상품들을 유심히 관찰하면, 큰 물결처럼 다가오는 문화 변화의 방향을 조금 더 또렷하게 포착할 수 있다. 제로 UI와 제로 리스크 같은 개념이 그런 사례다.

〈동아비즈니스리뷰DBR〉는 미래를 설명하는 키워드로 제로 UI를 꼽았다. 사용자가 기기를 조작하기 위해 버튼을 누르거나 화면을 클릭해야 했던 기존의 사용자 인터페이스는 점점 사라지고 있다. 이제는 키보드 대신 목소리로, 클릭 대신 제스처와 시선으로, 심지어 아무것도 하지 않고도 시스템이 먼저 알아서 대응하는 방향으로 기술이 이동한다. 인터페이스가 '제로'에 가까워진다는 것은, 기술을 쓸 줄 아는 능력보다 '무엇을 하고 싶은지'가 더 중요해지는 시대가 온다는 의미다. 시스템을 배우고 익히는 데 들이던 인지적 노력이 줄어드는 만큼, 사람들은 본질적인 업무와 삶의 목적에 더 많은 에너지를 쏠 수 있게 된다.

오픈서베이와 〈DBR〉이 젊은 세대의 가치관을 설명하는 말로 '제로 리스크'라는 표현을 쓴 것도 흥미롭다. 할 수 있어도 하지 않기로 선택하는 태도, '할 수 없음'이 아니라 '하지 않음'의 선택을 강조하는 개념이다. 못 해서가 아니라 위험과 부담을 감수하는 삶의 형태를 굳이 원하지 않기 때문에 결혼과 출산을 하지 않고, SNS를 통해 사람을 얼마든지 만날 수 있지만, 관계에서 비롯될 리스크를 감당하기 싫어 일부러 거리를 둔다. 그리고 더 높은 직위와 더 큰 프로젝트를 맡으면 성취와 보상이 커질지 몰라도 그에 따른 책임과 감정 노동이 너무 크다고 느껴, 과감히 팀장이나 중간 관리자의 자리 자체를 피한다. 이 모두가 '제로 리스크 정서'의 표현이다.

실제로 많은 기업에서 팀장급 인력을 구하기 어렵다고 호소한다. 인센티브는 크지 않은데 관리 책임은 늘고, 윗세대와 아랫세대의 소통 방식 사이에서 계속 중재해야 하는 위치에 서야 하기 때문이다. 과거에는 하이리스크 하이리턴이라는 말이 자연스럽게 통용되었다. 큰 성장을 위해서는 큰 도전이 필요하고, 어려운 프로젝트에 스스로를 던져야 빠르게 성장한다는 믿음이 있었다. 그러나 워라밸이라는 단어가 일터의 기본 언어가 되면서, 많은 이들이 묻기 시작했다. '그렇게까지 해서 얻는 것이 과연 나에게 이득인가?' 여기서 한 발 더 나아가 '리스크를 가능한 줄이는 방향의 선택을 하겠다'는 제로 리스크 정서가 등장한 것이다.

한편 제로 정신은 개인의 리스크 회피에서만 나타나는 것은 아니다. 사회와 환경 차원에서는 불필요한 낭비를 줄이고 공동체 전체의 지속 가능성을 높이는 방향으로 나타난다. 제로 웨이스트 운동이 대표적이다. 필요하지 않은 물건은 애초에 사지 않고, 부득이하게 구매한 것은 최대한 오래 쓰고, 되도록 재사용·재활용하고, 자연 분해가 가능한 제품을 선택하려는 흐름이다. 여기서 제로는 '아무것도 하지 않겠다'가 아니라, '쓸데없이 버려지는 것을 최소화하겠다'는 능동적인 태도다.

제로베이스 사고방식 또한 마찬가지다. 복잡하게 얽힌 관행과 절차를 모두 잠시 걷어 놓고, '우리가 이 일을 처음 시작한 이유가 무엇이었지?'를 다시 묻는 일이다. 제로에서 다시 보겠다는 태도는 문제의 핵심과 본질을 재발견하게 한다. 수많은 부가기능과 장식이 붙은 비즈니스를 제로베이스에서 다시 바라보면, 무엇을 버리고 무엇을 지켜야 하는지 판단하기 쉬워진다. 제로베이스 사고방식이 무無에서 유有를 만들어가는 출발점이라면, 제로 웨이스트는 유에서 불필요한 것을 걷어내 무에 가까워지는 방향이다. 다른 길이지만, 둘 다 '핵심에 집중하자'는 제로 정신의 또 다른 표현이다.

자주 언급되지는 않았지만 제로 정신이 가장 강하게 구현

되어야 할 영역은 배리어 프리 barrier-free다. 딸에게 장애가 있는 친구와 함께 스타벅스를 갔다가, 그게 얼마나 어려운 일이었는지 처음 알게 됐다는 이야기를 들었다. 횡단보도 신호는 너무 빨리 깜빡하여 길을 건너는 내내 조마조마했고, 간신히 도착한 건널목 끝에는 휠체어로 오르기엔 높은 턱이 버티고 있었다. 겨우 들어선 카페 입구에서도 문턱이 또 한 번 가로막고 있었다. 이런 일상적인 장벽들은 장애인 당사자에게만 불편함을 주는 것이 아니라, 그와 함께 있는 친구와 가족에게도 '함께 살아가기가 이렇게 어렵구나'라는 체감적 깨달음을 준다.

조직 안의 장벽도 비슷하다. 내가 근무하는 학교는 여성 교원 비율을 높이고 여성 보직 교수를 세우기 위해 노력하고 있지만, 여전히 전체 교수 중 여성 비율은 20퍼센트가 되지 않는다. 교무위원회에 속한 여성 교수는 10퍼센트도 채 되지 않는다.

미국에서 시작된 DEIB Diversity, Equity, Inclusion, Belonging 개념은 조직의 생산성과 혁신성을 높이기 위한 중요한 원칙으로 자리 잡고 있다. 다양성과 공정성, 포용과 소속감을 확보하자는 이 개념은 물리적·제도적 장벽을 줄이려는 제로 베리어, 제로 장벽, 베리어 프리 정신과도 맞닿아 있다. 이동의 장벽, 승진의 장벽, 참여의 장벽을 없애야 한다는 목소리는 점점 더 힘을 얻을 것이다.

결국 제로의 시대란 불편과 불안과 낭비를 줄이는 시대다. 제로 콜라는 달콤한 탄산의 즐거움은 유지하되, 살이 찔까 하는 불안을 덜어준다. 제로 UI는 기술을 쓰기 위한 공부와 숙련의 부담을 줄이고, 제로 리스크는 '당연한 통과 의례'로 여겨지던 결혼·출산·승진을 하나의 선택지로 되돌려 놓는다. '나의 취향대로 살고 싶다', '나의 가치관에 맞는 삶을 선택하고 싶다', '기술에 능숙하지 않아도 도움을 받을 수 있으면 좋겠다'는 요구는 결국 '있는 그대로의 나를 존중해달라'는 요구와 다르지 않다.

전방위로 확산되는 제로 상품과 제로 개념은, 내 생각과 다른 취향의 소비자가 무수히 존재한다는 것, 그리고 그들이 누리지 못했던 것을 누리게 돕는 일이 중요하다는 것을 상기시키는 시대의 징후다. 쓸데없는 폐기물을 줄이고 이동과 참여, 승진의 장벽을 낮춰 더 많은 사람과 더 다양한 사람들이 좀 더 오래, 좀 더 편하게 살 수 있게 하려는 시도 역시 제로 정신의 한 얼굴이다.

제로 정신 구현에 필요한 관점

그렇다면 이런 제로 시대, 제로 정신 속에서 기업은 무엇을 해야 할까? 앞에서 살펴본 여러 내용과 마찬가지로, 완전히 새로운 전략을 다시 짜기보다는 지금까지 이어진 흐름 위에서 조금 더 구체적인 질문을 던져볼 필요가 있다.

무엇보다 먼저 고려해야 할 것은 다양성과 포용성이다. 제로 콜라와 제로 맥주의 등장은 '즐거움은 유지하되 부담은 줄여달라'는 소비자의 요구에 대한 응답이다. 알코올을 마시고 싶지만 취하지는 않고 싶고, 아이스크림과 탄산음료를 즐기면서도 칼로리와 건강에 대한 걱정은 줄이고 싶은 마음, 음주 자체보다 그 시간의 기분과 분위기를 누리고 싶은 욕망.

소비자들은 더 이상 '긍정적 경험 + 부정적 결과'를 세트로 받아들이지 않는다. 가능한 한 긍정과 긍정을 조합해달라고 요구한다. 이 논리를 다른 산업으로 옮겨보면, 옷을 고르고 쇼핑을 즐기는 즐거움은 원하는 반면, 사이즈가 안 맞을까, 어울리지 않을까 하는 불안과 입고 벗기를 반복해야 하는 피로는 줄이고 싶어 한다는 것을 알 수 있다.

소비자는 이런 욕망을 언어로 명시하지 않을 수도 있다. 하지만 누군가 이 지점을 정확히 해결해주는 서비스를 내놓으면, 곧바로 높은 만족도와 충성도로 응답할 준비가 되어 있다. 소비자 스스로 기술과 서비스의 가능성을 다 예상할 수 없기에, 기업이 먼저 상상하고 제안해야 한다.

또 하나 중요한 것은 제로베이스 사고방식이다. 고객의 범위를 어떻게 정의하느냐에 따라 제로 시대의 기회는 전혀 다른 얼굴로 보인다. 수업 시간에 배스킨라빈스의 확장 전략을 논의하면서, 한 학생이 '아이스크림 포 펫ice cream for pets'을 제안한 적이 있다. 반려견과 함께 산책하다 아이스크림 가게에 들러, 사람용 아이

경험수집가의 시대

스크림과 함께 반려견용 간식을 자연스럽게 사서 나눠 먹는 풍경. 북미와 유럽 일부 도시에서는 이미 일상적 장면이다.

이 발상이 가능한 이유는 '나의 고객은 사람이다'라는 전제를 잠시 내려놓았기 때문이다. 어린아이는 스스로 돈을 벌지 않지만 아이와 함께 온 부모가 아이스크림을 산다. 마찬가지로 반려견이 직접 지갑을 열지 않아도, 반려견을 가족처럼 여기는 사람들이 아이스크림을 산다. 고객을 다시 정의하는 제로베이스 사고가 아니면 쉽게 떠올리기 어려운 그림이다.

무알콜 맥주 역시 그렇다. '술의 본질은 알코올'이라는 정의에 갇혀 있으면, 알코올이 들어 있지 않은 맥주를 찾을 소비자를 상상하기 어렵다. 그런데 관점을 바꾸면 새로운 고객이 나타난다. 술을 '음식'처럼 즐기고 싶은 사람, 특정 메뉴와 잘 어울리는 탄산과 향, 쌉싸래한 뒷맛을 즐기고 싶은 사람, 취하지 않고도 술자리의 여유와 분위기, '오늘 하루도 수고했다'는 위로의 느낌을 누리고 싶은 사람. 이들에게 맥주는 알코올이 아니라 하나의 경험이자 의식이다. 제로 알코올 맥주는 바로 이 지점에 응답하는 상품이다.

맺어 말하면, 제로 시대의 소비자는 하고 싶은 것은 유지하되 덜고 싶은 것들을 분명히 알고 있다. '불편', '불안', '낭비'는 줄이고, '의미', '재미', '상징'은 늘리고 싶어 한다. 제로 콜라, 제로 맥주, 제로 UI, 제로 리스크, 제로 웨이스트, 제로 베리어, 제로베이스 사고방식은 모두 이 흐름의 서로 다른 표현들이다. 기업은 이제

소비자가 감수해온 '당연한 불편' 중 무엇을 제로로 만들 수 있을
지 물어야 한다. 제로 시대의 승자는, 결국 '무엇을 추가할 것인가'
가 아니라 '무엇을 덜어줄 것인가'를 정확히 집어내는 쪽일지 모
른다.

경험수집가의 시대

단일세대가 아닌
교차세대 전략이 필요하다

지금까지 Z세대의 특징을 중심으로 이야기를 이어왔지만, 여기서 반드시 짚고 넘어가야 할 점이 있다. 같은 Z세대라고 해서 모두가 같은 특성을 보이는 것은 아니다. 마찬가지로 노년 세대라고 해서 모두가 동일한 라이프스타일로 사는 것도 아니다.

오늘날의 소비자는 나이만으로는 도저히 설명하기 어려운 존재가 되었다. 한때는 청년·중년·노년으로 나누어 세대별 타깃팅을 하는 것이 마케팅의 정석처럼 여겨졌지만, 이제 세대 간 경계는 점점 흐려지고 있고, 같은 세대 안에서도 개별 소비자의 욕구와 행동은 극도로 다양해지고 있다. 이 지점이 바로 오늘날 고객 심리를 이해하기를 점점 더 어렵게 만드는 요인이다. 그렇기 때문에 기업은 더 이상 '세대'라는 집단 정체성만 공부해서는 안된다. 집단으로서의 세대 특성을 파악하는 동시에, 개인으로서의 정체성 역시 함께 들여다봐야 한다.

세대는 더 이상 기준이 아니다

유럽에서 입지를 다진 글로벌 컨설팅 기업 캡제미니Cap-gemini는 최근 1만 2,000명의 소비자를 대상으로 클러스터 분석을 수행해 그 결과를 발표했다. 소비자의 행동과 라이프스타일, 기술 활용도, 구매 패턴을 중심으로 유형을 나눠본 것이다. 흥미로운 점은, 이렇게 도출된 소비자 유형이 세대 구분과 거의 겹치지 않았다는 사실이다. 인구통계학적 기준에 따라 사람을 나누는 방식과 실제 소비 행동과 심리에 따라 나눈 방식이 서로 일치하지 않았다는 의미다.

인구통계학적 분류는 직관적으로 이해하기 쉽고 측정도 편하다. 한 교실에 들어가 얼굴만 훑어봐도 대략 남성과 여성, 청년과 노년을 구분할 수 있다. 하지만 같은 20대라고 해서 그 사람이 어떤 방식으로 쉬는 시간을 보내는지, 주말이면 영화관에 가는지,

실내 클라이밍장을 찾는지, 보드게임 모임에 합류하는지, 혹은 집에서 기타를 치는지 알 수는 없다. 커피를 사랑하는지, 탄산수를 즐기는지, 몸에 좋은 허브티를 고르는 사람인지도 알 수 없다. 반려견·반려묘 집사로서 삶의 중심이 반려동물에게 있고, 버는 돈의 상당 부분을 반려동물에게 쓰는지, 남는 시간은 모두 반려동물과 함께 보내는지 역시 알 수 없다.

만약 이렇듯 반려동물에 삶의 무게중심을 둔 20대가 있다면, 그 사람은 옆자리에 앉아 있는 또래 여행 블로거보다, 아이들을 모두 출가시키고 현재 인생의 가장 큰 낙이 반려견과의 산책인 60대와 더 많은 공통점을 가질 것이다. 인구통계학적 분류는 여전히 필요하지만, 소비자의 실제 욕구를 예측하고 그 행동을 설명하는 데에는 점점 더 부정확해지고 있다. 경험의 개인화가 보편적인 감각이 되어갈수록, 사람들은 세대를 초월해 '나'라는 본연의 정체성을 찾으려 하고, 삶의 발달 과제에 쫓겨 미뤄두었던 개인적 욕망과 소망을 뒤늦게 실험해보려 한다.

《일의 격》을 비롯해 베스트셀러를 여럿 낸 신수정 작가를 떠올려보자. 성인이 된 자녀가 있고, 대기업 임원으로 은퇴한 이력만 보면 시니어 세대라 부르기에 손색이 없다. 그런데 작가는 보컬 레슨을 받고, 피아노를 배우고, 케이팝 댄스 레슨까지 받는다. 연습한 노래와 춤 영상을 SNS에 공유하며, 자신만의 무대를 만들어간다. 그 모습은 나이로 규정하자면 '젊은 세대 취향'에 훨씬 가깝다.

　반대로, 지금의 젊은이들은 오래된 공간과 노포를 찾아다닌다. 허름한 인테리어의 찻집에서 차를 마시고, 일부러 세월의 흔적이 남은 식당을 골라 밥을 먹는다. 서울 탑골공원 바로 옆 '유진식당'을 예로 들어보자. 메뉴라고 해봐야 평양냉면과 녹두전뿐인 단출한 집이지만, 여간해서는 쉽게 먹을 수가 없다. 탑골공원을 찾은 노인들과 이곳을 '힙하다'고 여기는 청년들이 함께 줄을 서 있기 때문이다. 을지로의 '커피한약방' 역시 그렇다. 고즈넉한 분위기, 오래된 가게 이름, 낡은 듯한 인테리어가 오히려 젊은 세대에게 독특한 감성의 공간으로 인식되며 꾸준히 사랑받는다.

　이처럼 어느 세대가 무엇을 좋아하는지에 대한 우리의 기존 상식은 점점 설득력을 잃어가고 있다. 그렇다면 기업은 도대체 어떻게 해야 할까. 세대별 구분만으로도 벅찼는데, 그 안의 개별 정체성까지 탐구하라는 요구는 지나치게 느껴질 수 있다. 이때 힌트를 주는 것이 바로 소비자들이 남기는 실시간 데이터다.

　오늘날 소비자들은 상황과 맥락에 따라 자신이 어떤 정체성을 전면으로 내세울지 능숙하게 바꾼다. 회사에서는 프로페셔널한 커리어우먼 모드였다가, 퇴근 후에는 누구보다 러닝에 진심인 마라토너로 변한다. 주말에는 반려견과 함께 여행을 다니는 펫오너이자, 특정 팬덤 커뮤니티에서는 누구보다 헤비한 팬으로 활동한다. 이처럼 맥락별로 다른 자아를 드러내고, 각 정체성마다 다른 디지털 흔적을 남기는 소비자들을 찾아내어, 각 맥락에서의 욕망을 따로 읽어내는 작업이 필요해지고 있다.

시대정신을 읽는 브랜드만이 살아남는다

마우로 기옌Mauro F. Guillén은 그의 책《멀티제너레이션, 대전환의 시작》에서 이를 '포스트-세대 브랜드pcst-generational brand'라는 개념으로 설명한다.[5] 세대 간 상호작용이 소비자의 선호와 구매 결정에 큰 영향을 미치기 때문에, 마케팅 전략을 세울 때 '이 세대 vs. 저 세대'처럼 단순히 나이 기준으로 시장을 나누기보다 세대를 가로질러 공유되는 가치와 정서를 발견하는 것이 중요하다는 주장이다. 다시 말해, 이제 중요한 질문은 '어느 세대를 공략할 것인가'가 아니라 '이 시대를 관통하는 공통의 가치가 무엇인가'다.

이 시대의 핵심 가치는 무엇인가. 지금을 관통하는 문화는 어떤 색깔인가. 가장 앞에서 변화를 이끄는 소비자들이 집요하게 붙잡고 있는 삶의 키워드는 무엇인가. 그들이 쉽게 타협하지 못하는 중요 가치는 무엇인가. 이런 질문에 대한 답이 바로 '시대정신'이다.

제로 콜라, 제로 맥주, 저당 아이스크림의 유행은 단지 새로운 제품 카테고리의 출현으로만 봐서는 안 된다. 헬스와 웰빙, 몸

관리에 대한 관심, 건강과 즐거움을 동시에 놓치고 싶지 않은 태도가 반영된 결과다. 동시에 그것은 '술을 마신다면 이래야 한다'는 단일한 음주 문화에서 벗어나, 다양한 음주 방식을 인정하고 수용하는 사회로 나아가고 있다는 신호이기도 하다. 예전에는 '부어라 마셔라' 식 음주만이 당연하게 여겨졌다면, 이제는 논알콜, 저알콜, 한 잔만 마셔도 괜찮은 음주 스타일이 자연스럽게 공존한다.

소비자들은 한 산업 안에서 경험한 이런 긍정적인 변화를 다른 산업에서도 기대한다. 주류 산업에서 '나의 몸 상태와 취향을 존중하는 선택지가 가능하다'는 경험을 했다면, 패션에서도, 뷰티에서도, 금융에서도 나만의 개성과 취향, 자율성이 존중되는 상품과 서비스를 찾는다. 아직 그런 옵션이 나타나지 않은 분야가 있다면, 그곳에는 여전히 발굴되지 않은 잠재 욕망이 숨어 있을 가능성이 크다.

결국, 단일 세대만을 겨냥한 마케팅 전략은 점점 힘을 잃어갈 수밖에 없다. 시대정신은 세대 위에 흐른다. 어떤 연령대의 소비자이든, 지금의 공기를 함께 마시며 비슷한 긴장과 욕망, 불안을 공유한다. 기업이 해야 할 일은 특정 연령대를 향해 화살을 쏘는 것이 아니라, 세대를 가로질러 공명하는 가치와 정서를 찾아 그 지점에 메시지를 꽂는 것이다. 시대정신을 먼저 읽어낸 브랜드가 세대라는 경계를 넘어 가장 넓은 시장과 가장 깊은 공감을 손에 넣게 될 것이다.

상황적 소비를 이해해야 하는 이유

기업에 소비자 행동과 관련된 자문을 해주는 컨설팅 회사를 운영하는 데이브 노턴 Dave Norton 박사가 기고한 글 〈습관과 선호, 인구 통계는 잊어라, 소비자의 모드를 공략하라 Forget Habits, Preferences, Demos—Tap into Consumer 'Modes'〉는, 우리가 너무 익숙하게 받아들여 왔던 소비자 분류 방식에 정면으로 반기를 든다는 점에서 흥미롭다.[6]

기업은 오랫동안 소비자의 선호와 취향을 중심으로 STP Segmentation, Targeting and Positioning 전략을 세워왔다. 남성과 여성,

젊은 세대와 노년 세대는 다르고, 같은 집단 안에서는 비슷할 것
이라는 단순 직관에 기반한 분류다. 학계에서는 습관적 소비와 충
성도를 강조하며 반복 구매가 왜 일어나는지를 설명해왔다. 매일
찾는 밥집, 늘 손에 드는 커피, 점심 식사 이후 자동으로 꺼내는 커
피믹스, 찜질방의 찐 계란 같은 풍경은 모두 '습관'이라는 이름으
로 해석된다.

디지털 시대에 들어서는 이런 소비가 '중독'이라는 부정적
이름으로 다시 불리기 시작했다. 소비자가 스스로 통제권을 잃는
순간, 습관과 중독 사이의 경계는 희미해진다. 유튜브를 무의식적
으로 넘기다 보면 어느새 한 시간이 사라지고, 넷플릭스나 인스타
그램을 끊고 싶지만 잘 되지 않는 이유가 여기에 있다. 행동이 삶
의 다른 영역까지 침범하며 스스로도 원치 않는 상태를 지속할
때, 소비자는 '통제권 회복'을 원하게 되고, 이런 과정 자체가 새로
운 비즈니스 기회가 되기도 한다.

선호보다 더 큰 힘: '상황'이 소비를 결정한다

노턴 박사의 주장은 바로 이 지점에서 방향을 틀어 "선호나
인구통계적 특성보다 소비자가 지금 어떤 '모드mode'에 있는지가
더 중요한 예측값"이라고 말한다. 예컨대 가족들과 여유로운 휴

가를 보내는 모드와, 비즈니스 미팅 사이에 잠시 휴식 시간을 내는 모드는 같은 사람이더라도 전혀 다른 소비를 이끌어낸다. 소비자의 취향도, 연령도, 재정도 그대로지만, 상황이 달라지면 선택은 완전히 달라진다.

노턴 박사가 소개한 레드 루프 인Red Roof Inn 사례가 대표적이다. 그는 여러 이유로 비행기가 결항된 상황을 포착해, '지금 당장 숙소가 필요한 사람들'을 선제적으로 타깃한 전략이 성공했다는 점을 강조한다. 여기서 소비자의 의사결정에 작동한 요인은 그들의 오래된 선호나 습관이 아니라 현재 처한 급박한 모드였다.

따라서 그가 말하는 모드란 단순한 성향이 아니라 소비자의 지금-여기 상황을 규정하는 맥락적 욕구에 가깝다. 이는 사실 마케팅의 출발점인 '니즈needs' 개념을 새롭게 조명하는 시각이기도 하다. 지금 그 사람이 가장 해결하고 싶어 하는 문제를 이해하는 것, 그리고 그 급박함을 헤아려 말을 거는 기업이 소비자에게 압도적인 선택을 받게 된다.

그 이유는 오늘날의 소비자들이 하나의 역할만 수행하는 존재가 아니기 때문이다. 누군가는 회사에서는 프로페셔널한 커리어 우먼이지만, 퇴근하면 러닝 크루의 일원이 되고, 주말에는 전시를 다니는 미술 애호가가 된다. 동일한 사람이더라도 '아이와 함께한 나들이'에서는 평소 좋아하는 한정식보다, 바로 나오고 아이가 편하게 먹을 수 있는 자장면을 고르게 된다. 소비자의 자기 표현적 취향보다 상황이 주는 압박과 필요가 훨씬 더 강력하게 의사결정을 좌우하는 것이다.

이런 맥락에서 기업들은 지오펜스geofence 같은 기술을 사용해 소비자의 위치·시간·상황을 감지하고, 그 모드에 적합한 메시지를 보내기 시작했다. 마치 펜스(담장)를 두르듯 특정 지리적 영역을 가상으로 지정하여 그 영역에 들어오거나 나가는 사람들에게 해당 지역에서 필요할 법한 행동을 유도하는 것이다. 해당 지역 안에 위치한 매장에서만 쓸 수 있는 쿠폰을 발송하기도 한다.

나도 강의를 하러 고려대 세종캠퍼스에 가기 위해 종종 서울역을 가는데, 4호선 전철을 내려 서울역으로 진입하기 위해 개찰구를 통과하는 순간 핸드폰 알림을 자주 받는다. 서울역 역사 내 던킨도너츠나 공차의 할인 메뉴나 '지금 바로 픽업할 수 있는 메뉴'가 준비되어 있다는 등의 알람이다. 또한 봄철이면 미세먼지 대비 제품이나 간절기 의류 광고가 자연스럽게 도착한다. 소비자의 상황을 '현재형'으로 읽어내는 시도가 늘어나고 있는 것이다.

습관과 모드: 두 축이 흔들며 만들어내는 소비의 실제 모습

이 장에서 다룬 핵심 전략은 두 가지다. 하나는 습관을 구축하는 기업, 다른 하나는 모드를 탐색하는 기업이다. 습관을 구축하는 기업은 장기적 관점에서 강력한 소비 기반을 확보하지만, 모드를 읽어내는 기업은 그 습관을 뛰어넘는 즉각적 기회를 포착한다. 여행 모드, 출장 모드, 드라이브 모드, 면접 모드, 긴급 모드…… 소비자는 언제든 자신도 예상하지 못한 상황으로 이동하며, 그 모드마다 선택이 달라진다.

따라서 소비자 행동을 이해하는 기업이라면, 더 이상 '이 사람은 이런 취향의 2030 여성이다'라는 정적인 정의에 머물 수 없다. 취향은 존재하지만 불변의 것이 아니며, 개별화된 선호는 '상황'이라는 렌즈를 통해 매번 흔들린다.

소비자는 한 사람이면서, 단수가 아니다. 그들의 선택을 움직이는 것은 나이도, 성별도, 오랫동안 쌓인 취향도 아니다. 그들이 지금 어떤 모드에 놓여 있는가가 결정한다.

오늘의 소비자를 깊이 이해하고 싶은 기업이라면, 선호의 표면 아래 흐르는 이 상황적 욕구의 층도 읽어야 한다. 사람들은 자신이 처한 순간의 압력과 필요에 따라 가장 현실적인 선택을 한다. 그 순간을 포착해 말을 거는 기업은, 취향을 아는 기업보다 훨씬 더 정확하게 소비자의 마음속으로 들어간다.

지금 당장 사지 않을 사람들에게 말을 거는 방법

LG전자는 대학생이 잘 사지 않는 제품을 만든다. 노트북을 제외하면 냉장고, 세탁기, TV처럼 '독립 가구'가 되어야 비로소 구매하는 품목이 대부분이다. 한국 청년의 독립 평균 연령은 30.6세(2022년 서울연구원 패널 연구),[7] 평균 초혼 연령도 남성 34세, 여성 31.5세(2023 통계청 조사 결과)로 10년간 꾸준히 높아져왔다.[8] 결국 대학생 시기에는 LG제품을 구매할 상황 자체가 거의 없다는 말이다.

게다가 LG전자는 휴대폰 시장에서도 철수했다. 자연스럽

경험수집가의 시대

게 MZ세대 중에서도 20대와 LG가 만나는 접점은 극단적으로 줄었다. 그렇다면 앞으로 중요한 구매층이 될 이들에게 지금 어떻게 말을 걸어야 할까? 단순히 "때가 되면 시작하자"고 손 놓고 있을 수는 없다.

고객 의사결정 여정으로는 닿지 않는 소비자들

기업은 보통 고객들의 구매 의사결정 과정에 맞춰 커뮤니케이션을 설계한다. 고객은 '문제 인지 → 정보 탐색 → 대안 비교 → 구매 → 평가 → 재구매·추천'으로 의사결정의 흐름을 이어간다. 기업은 이 여정 안 어딘가에 메시지를 집어넣으려 한다. 하지만 근본적인 문제가 있다. 소비자가 '문제 인식' 단계 자체를 시작하지 않으면, 기업은 말을 걸 틈조차 없다. 대학생은 세탁기나 냉장고를 사야 한다는 '필요'가 없다. 그러니 LG는 그들에게 말을 걸 지점을 아예 찾지 못한다.

이럴 때 필요한 것이 바로 고객 감정 여정이다. 〈마케팅 저널 Journal of Marketing〉 2024년 9월호에서 황&러스트 Huang & Rust는 고객이 '문제를 인식하는 순간'이 아니라 고객이 '어떤 감정을 가지고 있는가'를 출발점으로 해야 한다고 말한다.[9] 감정을 인지하고 Emotion Recognition, 감정을 이해하고 Emotion Understanding, 감정을 관리하고 Emotion Management, 정서적 연결로 이어지도록 해야 Emotional Connection 한다는 것이다. 이 책에서는 이것을 '고객 감정 여정'이라고 명명하고, 고객 의사결정 여정과 대비해서 설명하고자한다. 핵심은 이것이다.

> "당장 아무것도 사지 않을 소비자에게도 브랜드는 먼저 감정으로 말을 걸 수 있다."

그라운드 220: '구매'가 아닌 '관계'를 만드는 방식

서울 양평동의 '그라운드 220'은 Z세대를 위한 LG전자의 복합문화공간이다. 일반적인 전시장은 제품을 보여주고 체험시키는 것이 목적이지만, 그라운드 220은 완전히 다른 접근을 한다. Z세대가 직접 기획한 프로그램, 전문가와 함께하는 취미 클래스, LG 제품과 연결된 다양한 일상 체험을 장기적으로 운영한다. 이 공간의 목적은 단순하다. 제품을 팔려는 곳이 아니라, 감정을 이해하려는 곳이다. LG는 아직 구매자가 아닌 젊은 세대가 LG라는 브랜드에 대해 어떤 감정을 갖고 있는지 알고 싶어 했다.

많은 Z세대가 LG를 '엄마가 좋아하는 브랜드', '우리랑 상관없는 전래동화 같은 브랜드'라고 말한다. 인지 Aware는 되어 있지만 관심 Interest으로 넘어가지 못한 상태다. 관심이 없으니 질문 Ask도, 탐색도 일어나지 않는다. 그라운드 220은 이 끊어진 고리를 다시 잇기 위해 탄생했다. 소비자는 이 공간에서 '내가 알던 LG가 아닌데?'라는 인지적 흔들림을 겪는다. 이 작은 전환이 관심의 시작이고, 관심이 생기면 비로소 '한번 더 알아볼까?'라는 질문이 생기기 시작한다. 실제 방문자 중에는 "더현대에서 스탠바이미를 봤을 땐 그냥 지나쳤는데, 여기선 오래 함께 써보다 보니 나도 하나 있었으면 좋겠다는 생각이 들었다"고 말한 사람도 있다. 단발적 소비 자극이 아니라 시간이 만들어낸 감정적 경험이 작동한 것이다.

LG가 상설 공간을 선택한 이유도 여기에 있다. 팝업스토어는 많은 사람을 빠르게 모을 수 있지만, 소비자에게 제품과 충분히 시간을 보낼 여유를 주지 않는다. 반면 양평동에 자리잡은 그라운드 220은 안양천, 생태공원 등 자연적 요소를 갖추고 있어 동네 산책하듯, 쉬는 기분으로 브랜드를 경험할 수 있다. 이 공간은 브랜드의 이야기를 '전달하는 곳'이 아니라 소비자가 그 이야기를 '누려보는 곳'이다. 직접 제품을 장시간 사용해보고, 여유로운 동선 속에서 브랜드와 관계를 형성하는 경험을 설계한 것이다.

단점을 극복하기 위한 전략

물론 이런 전략이 내부에서 쉽게 동의를 얻는 것은 아니다. 공간 유지 비용은 들지만 단기 매출로 직결되지는 않는다. 그래서 방문객 수, 체류 시간, 프로그램 참여율, SNS 게시물 수, 브랜드 태도 변화 같은 간접 지표로만 효과를 측정해야 한다. 또 양평동은 '지나가다 들어오는' 방식의 유입이 어렵기 때문에, 의도적 참여를 유도하는 전략이 필수다.

그라운드 220의 지속 운영을 위해서는 1) 방문자가 자연스럽게 콘텐츠를 만들어내며 유입을 이끄는 푸시PUSH 전략, 2) 공간 자체의 매력으로 사람들을 끌어들이는 풀PULL 전략, 3) 다른 브랜드와 협업하며 새로운 고객층을 유입시키는 콜라보레이션 Collaboration 전략이 함께 필요하다.

이런 전략은 LG만의 것이 아니다. 한때 젊은 세대의 강력한 브랜드였지만 지금은 멀어진 기업들 역시 인지 - 관심 - 질문 단계의 간극이 어디에서 발생했는지 되짚을 필요가 있다. 고객 의사결정 여정이 아니라 고객 감정 여정을 관리하고, 인지·관심 단계에서 새로운 감정적 연결을 만드는 장치를 마련해야 한다.

그라운드 220처럼 이야기를 체험하는 공간이 될 수도 있고, 브랜드가 자신의 철학을 먼저 들려주는 방식일 수도 있다. 탬버린즈나 나이키처럼 감정적 내러티브를 선명하게 전달하는 방법도 유효하다. 다만 가전처럼 긴 시간의 체험이 필요한 제품군은 빠르게 몰입시키는 팝업 대신, 충분히 머물러 천천히 관계를 형성할 수 있는 시공간적 설계가 필수다.

핵심은 당장 사지 않을 고객도 브랜드와 감정적 관계를 먼저 맺을 수 있음을 이해하는 것이다. 고객 의사결정 여정만으로는 발견되지 않는 감정의 흐름을 이해하고, 인지 – 관심 – 질문 단계에서 끊긴 고리를 다시 연결해주는 것, 그리고 브랜드의 이야기를 '듣는 공간'이 아니라 '누리는 공간'으로 제공하는 것. 이것이 미래 고객과 관계를 형성하는 새로운 방식이다. 시간이 지나 실제 구매 의사결정의 순간이 오면, 그들은 이미 브랜드와 충분히 친숙한 정서적 연결을 갖게 되어 있을 것이다. 브랜드는 그렇게 구매 이전에 먼저 관계를 만들어가야 한다.

무엇으로
경험수집가의
마음을
얻을 것인가

많은 기업이 고객의 마음을 얻고 싶어 한다. 전작 《소비자의 마음을 읽어 드립니다》 출간을 계기로 여러 산업처와 기업에서 초대받아 관련 이야기를 나누기도 했다. 해당 산업과 기업을 가장 잘 아는 사람은 당연히 그 직장에서 오래 일해온 내부자겠지만, 변화하는 소비자의 삶을 읽고 이해하는 데는 때때로 외부자의 관찰이 중요한 단서를 제공한다.

소비자의 마음과 삶, 행동의 이유를 파악하는 일은 생각보다 특별한 학문적 훈련을 요구하지 않는다. 이 책을 읽는 분들 가운데 우주공학자는 몇 명이나 있을까. 프로 피아니스트나 직업 연주자는 또 얼마나 있을까. 만약 이 문장을 읽다 "저요" 하고 손들 분이 있다면 연락을 주시길 바란다. 반가운 마음에 커피챗이라도 청하고 싶다.

하지만 우주공학자도, 피아니스트도 아닐지라도 우리 모두는 소비자다. 이 책을 읽기 위해 전자책이든 중고책이든 새 책이든 어딘가에서 비용을 지불했고, 오늘 하루 미리 사둔 재료로 밥을 만들어 먹었거나 식당에서 음식을 사 먹었을 것이다. 혹은 너무 바빠 끼니를 제대로 챙기지 못했다면 간단한 간식이나 음료라도 소비했을 것이다. 지금 전등을 켜고 독서 중이라면 전기와 그 공간을 소비하고 있는 셈이다. 값을 직접 지불했든, 누군가 대신 지불했든, 혹은 무상으로 제공받았든, 소비는 남녀노소 누구에게나 매일 일어나는 보편적 행위다. 소비하지 않는 사람은 없다.

그렇기에 소비는 우리의 일상 어디에나 있다. 굳이 멀리 나가지 않아도 된다. 내가 왜 저 브랜드를 좋아하는지, 왜 특정 제품을 계속 쓰고 있는지, 사용하면서 겪는 불편은 무엇인지, 지난달 방문했던 수많은 장소 가운데 유독 마음에 남는 곳은 왜 그랬는지, 내 삶에서 일어나는 경험을 세심히 되짚어보는 것만으로도 소비자의 마음을 읽는 출발선에 서게 된다. 나 자신과 내 주변—가족, 친구, 동료, 이웃의 삶을 관찰하는 일은 언제나 고객을 이해하는 첫 단서가 된다.

강연을 가면 이렇게 말하곤 한다.

"홈페이지에 직원분들의 근무 경험 사례가 소개되어 있더군요. 고객의 마음을 자연스럽게 이해하고 계신 기업이라는 인상을 받았습니다. 이미 고객을 향하고 있지만, 여기서 한 발 더 나아가기 위해 저를 초대한 것 같았습니다. 고객의 마음을 얻으려면 그들의 행동 뒤에 있는 이유를 이해해야 합니다. 그리고 그 이유를 이해하려면 먼저 나 자신의 삶부터 살펴야 합니다."

지금 이 책을 펼친 독자에게도 같은 제안을 드리고 싶다. 한 발 더 깊이, 소비자의 마음 안으로 들어가는 길은 거창한 곳이 아닌 바로 지금 자신의 삶을 들여다보는 데서 시작된다.

기업이 젊은 소비자의 마음을 읽으려면

방법론에 갇힌 수많은 질문들

지금까지 우리는 요즘 소비자, 젊은 소비자, 특히 Z세대가 어떤 삶의 태도와 소비 문화를 지향하는지 살펴봤다. 그렇다면 이들의 마음을 실제로 어떻게 읽고, 기업의 전략과 실행으로 연결해야 할까. 파악하기 어려운 Z세대의 마음을 관찰하고 이름 붙이는 것까지는 가능하지만, 그 변화 속도를 따라가며 조직 전체가 민첩하게 움직이는 일은 또 다른 도전이다.

젊은 소비자들이 살아가는 방식, 느끼는 감정, 움직이는 패턴의 변화를 놓치지 않고 대응하려면 조직 내 모든 구성원이 스스로 고객을 바라보는 눈을 갖추는 것이 필수적이다. 고객의 마음을 읽는 일의 중요성을 조직 전체가 이해하고, 각자의 자리에서 '자발적 관찰자'가 되는 것—그것이 결국 대응력과 실행력의 핵심이 된다.

기업 강연에 가면 유난히 자주 듣는 질문이 있다.

"교수님은 소비자 인사이트를 어디서 얻으세요?"
"고객을 이해하고 싶은데 직접 만날 기회가 없습니다."
"저희 부서는 엔지니어링·R&D를 다루고 있어 소비자 접점이 전혀 없어요. 어떻게 고객 마음을 볼 수 있죠?"
"요즘 고객 관련 트렌드는 어디서 파악하세요? 구독하는 채널이나 읽으시는 잡지가 있나요?"
"인사이트를 수집하는 방법론이 따로 있으신가요?"

모든 구성원이 자발적 관찰자가 되어야 한다

이 질문들에는 공통적인 고민이 담겨 있다. '고객 인사이트를 어디서, 어떻게 발견하느냐' 말이다. 기업이 이미 보유한 데이

터는 사실 매우 많다. 구매 기록, 결제 정보, VOC Voice of Customer,
온라인 행동 데이터, 오프라인 이동 경로까지 합치면 분석할 재료
는 넘칠 정도다. 문제는 데이터의 부족이 아니라, 어떤 것을 살펴
봐야 할지 모른다는 데 있다. 그리고 어렵게 도출된 인사이트조차
부서 간에 원활히 공유되지 못하고, 분석 부서 안에서만 머무르
기 쉽다. 현업은 바쁘고, 직접적인 필요가 없는 팀일수록 고객 관
련 정보가 체감되지 않는다. 어느 한 팀이 분석 보고서를 만들어
'전달하는 방식'으로는 결코 조직 전체의 감각이 날카로워지지 않
는다.

　　　진짜 해답은 다른 곳에 있다. 각 부서, 각 직무에 있는 사람
들이 자신의 현장에서, 자신이 소비자가 되는 순간에서, 동종·이
종 산업을 관찰하며 스스로 축적하는 인사이트를 갖도록 만드는
것. 모든 구성원이 자신의 일상 속에서 고객의 마음을 발견하는
훈련을 할 수 있게 만드는 것, 그것이 바로 모든 기업이 지금 씨름
하는 중요한 질문이다. 그리고 이 질문에 대한 답을 찾아가는 과
정이야말로 앞으로의 기업 경쟁력을 가르는 핵심이 될 것이다.

무엇을 관찰해야 하는가

소비자 인사이트를 효과적으로 찾아내려면 좋은 질문, 충분한 데이터 그리고 이를 해석해낼 통찰력이 필요하다. 많은 기업이 빅데이터 분석 능력을 갖추고 있지만, 실제로 중요한 것은 데이터의 양이 아니라 그 데이터를 걸러내는 '체의 촘촘함'이다. 체의 구조가 제대로 갖춰지지 않으면 방대한 양의 정보는 단지 처리 속도만 늦출 뿐, 진짜 의미를 찾아내는 데는 도움이 되지 않는다. 패턴을 발견하고 나아가 인사이트로 끌어올리기 위해서는 결국 논리적 도약과 상상력이 필요하다.

알고리즘이 놓치는 세 가지 장면

데이터 속에 나열된 행동 중 무엇을 확대해 들여다볼 것인지, 어떤 장면을 의도적으로 생략하며 핵심을 부각할 것인지에 따라 관찰의 질은 완전히 달라진다. 반복되는 행동, 새롭게 출몰하는 행동, 사라지는 행동은 통계를 통해 포착할 수 있다.

하지만 '아주 작지만 새로운 행동 small & new'이나 '희소하지만 강력한 소수의 행동 outlier', '너무 익숙해 지나쳤지만 인사이트를 품은 행동 too normal, yet insightful'은 여전히 사람의 눈이 필요하다. 특히 마지막 경우는 통계상으로는 잘 포착되지 않는다.

익숙함 속에서 인사이트를 발견하는 법

그렇다면 '너무 평범해 보이지만 실제로는 인사이트를 주는 행동'을 어떻게 발견할 수 있을까? 답은 비교다. 다른 사회, 다른 기준, 다른 시점, 다른 가치관을 대입해보면 그동안 너무 익숙해서 보이지 않던 장면이 돌출된다. 예컨대 프랑스 사람이 한국인의 여행 패턴을 보면 우리에겐 평범해 보이던 장면이 기이하게 느껴질 수 있다.

“왜 한국인은 휴가를 가서도 새벽브터 일어나 투어를 다
닐까?”

“왜 명소에 가서 풍경보다 ‘풍경 앞의 나’를 찍는 데 집중
할까?”

“에펠탑 앞에 서서 에펠탑은 보는 둥 마는 둥 하고 나에게
만 초점을 맞춰서 사진을 찍는 건 왜일까?”

“루브르에 가서 〈모나리자〉만 오래 보고 다른 작품은 빠르
게 스쳐 지나가는 이유는 무엇일까?”

모든 한국인 관광객에게 해당하는 이야기는 아니지만, 이
런 비교는 우리가 일상에서 지나치던 장면을 새롭게 보게 만든다.

질문자의 문제의식이 가장 중요하다

이처럼 너무 익숙해 보이지 않던 장면을 찾아내는 작업을
생성형 AI로부터 도움받을 수도 있다. 중요한 것은 AI의 성능이나
답변의 길이가 아니다. 어떤 AI 프로그램을 쓰느냐도 핵심이 아니
다. 결정적인 요소는 처음 던진 질문의 내용이다. “한국과 프랑스
여행객의 여가 사용 방식에는 어떤 차이가 있을까?”라는 의문을
스스로 인식하고, 이를 더 구체적으로 파악하기 위한 방향으로 질

문을 구성하는 감각, 바로 그것이 인사이트의 출발점이다.

결국, 무엇이 주목할 장면인가를 결정하는 힘은 데이터를 다루는 기술보다 '어디를 바라볼 것인가'를 스스로 결정하는 능력에 달려 있다.

어떤 소비자를 주목해야 할까

대부분의 기업이 데이터를 많이 확보해야 한다고 말한다. 물론 양적 데이터는 중요하다. 하지만 양적 데이터에만 기대면 중요한 신호를 놓친다. 세상을 바꾸는 변화는 언제나 소수에서 시작되기 때문이다. 기업이 진짜로 주목해야 하는 것은 눈에 잘 보이지 않는 소비자 행동의 미세한 변화다.

새로운 행동은 '출현'의 신호이고, 아웃라이어는 '변칙'의 신호이며, 보편화된 행동은 '정서적 시대정신'의 신호다.

집중해야 할 세 가지 신호

첫 번째 주목해야 하는 것은 '새로 출몰하는 데이터'다. 새로 등장한 소비 패턴은 당연히 숫자가 작다. 그래서 많은 기업이 '이건 표본이 너무 작아'라며 무시한다. 하지만 시장의 판은 이 작은 움직임을 먼저 이해한 기업이 뒤흔든다. 소수의 행동이 주류가 되기 전에 포착해야만 빠르게 대응할 수 있다.

두 번째로 주목해야 하는 것은 '아웃라이어', 즉 기존 범주를 벗어난 극단적 사례다. 흔히 '저 사람만 저러는 거지'라고 넘기지만, 바로 그 '저 사람'이 미래의 다수가 될 수 있다. 왜 그가 그런 선택을 했는지, 어떤 동기나 심리가 작용했는지 깊이 파고들어야 한다. 숫자가 작다는 이유로 무시하면 변화의 출발점을 놓친다.

세 번째는 너무 평범해서 특별해 보이지 않는 행동이다. 그러나 그 평범함 속에 오히려 가장 강력한 시대정신이 숨어 있다. 예를 들어, 만남의 첫 질문이 MBTI로 시작되는 현상은 단순한 밈이 아니다. 자기 이해 욕구, 타인 이해 욕구, 갈등 회피, 관계의 효율적 관리, '다름은 틀림이 아님'이라는 가치 지향적 태도 등이 한꺼번에 반영된 시대적 상징이다. 소개팅, 팀플, 직장 회식, 동호회, 교회·절·성당 모임 등 모든 관계 장면에서 반복된다면, 이 평범한 행동은 매우 큰 인사이트로 전환될 수 있다.

기술이 바꾼 거리감이 소비자를 움직이다

몇 년 전만 해도 드라마 속 재벌 2세들이 '아침은 서울에서, 점심은 일본에서, 저녁은 다시 서울에서' 먹는 장면은 비현실적 설정처럼 보였다. 그런데 이제는 평범한 대학생이 당일치기로 일본에 우동을 먹으러 간다. 수업 시간에 "당일치기로 일본 다녀온 적 있는 사람?"이라고 물었을 때 적지 않은 학생이 손을 들었다.

아직은 작은 표본이지만, 이 변화가 향후 일으킬 함의는 크다. 이런 변화의 발생 원인을 추적하려면 직접 묻고 관찰해야 한다. 무엇이 그들을 움직였는지, 무엇을 기대했고 무엇을 느꼈으며 무엇을 다시 하고 싶어 하는지를 알아야 한다.

기술 발전이 줄인 것은 이동 시간만이 아니라 소비자가 인지하는 심상 속의 물리적 거리다. 이 거리의 단축이 새로운 소비 행동을 폭발적으로 만들어낸다. KTX와 항공사의 모바일 체크인, 자동 출입국 심사, 일본의 'VISIT JAPAN WEB' 같은 간소화된 입국 절차, 무비자 입국 확대, 결제 과정의 간편화 등은 장거리 이동의 '시간 비용'을 급격히 낮췄다. 원하는 시간대 항공편을 쉽게 검색할 수 있고, 최저가를 비교하는 것도 어렵지 않다. 여러 과

정이 디지털로 연결되면서 대기 시간이 사라지고, 이동 그 자체의
부담이 줄었다.

소비자는 '외국이 더 이상 멀지 않다'고 느낀다. 물리적 거
리뿐 아니라 정서적·심리적 거리까지 함께 줄어든 것이다. 그 결
과 생활재조차 국가 간을 오가며 기념품처럼 소비된다. 최근 일본
소비자가 한국 쌀을 기념품처럼 사가는 현상도 이런 흐름의 연장
선이다. 일본에서는 8,000엔 하던 쌀이 한국에서는 3,000엔이면
살 수 있고, 검역 절차도 까다롭지 않자 여행에서도 '살 만한 물
건'이 된 것이다.

내부자의 눈으로 발견하는 변화의 흐름

우리가 진짜 찾고 싶은 것은 '변화' 그 자체다. 지금 소비자
는 어디를 향해 움직이고 있는가? 어느 방향을 보고 있으며, 어떤
속도로 변화하고 있으며, 그 배경에는 어떤 감정과 욕망이 있는
가? 그래서 나는 실제 소비 현장으로 나간다. 관찰하고, 듣고, 기록
하고, 비교한다. 그 안에서 '주목해야 할 장면'을 찾아내기 위해서
다. 변화의 신호는 숫자가 아닌 흐름 속에서 발견된다.

변화를 읽는 데 다수결은 의미가 없다. 다수결은 50퍼센트
만 넘으면 되지만, 혁신은 언제나 1퍼센트, 3퍼센트, 5퍼센트의 움

직임에서 시작된다. 해일은 먼 바다에서 아주 작게 일렁이는 순간 이미 시작된 것이고, 비구름이 하늘 끝에 보일 때 우산을 챙기는 것이 현명한 일이다. 소비자 변화도 마찬가지다. 51퍼센트가 움직이기 시작하면 이미 늦은 것이다.

그렇다면 무엇이 주목해야 할 장면인가? 전에는 없던 새로운 행동 Emerging behavior/New behavior/Novel behavior, 한 사람이 반복하는 행동 Repeated by One, 여러 사람이 반복하는 행동 Repeated by Many, 오래 하던 행동이 갑자기 사라진 경우 Discont nued 등 모든 변화는 핵심적인 신호다. 새로운 행동은 기존 행동을 대체하는 경우가 많으며, 반복되는 작고 좁은 흐름이 점점 크고 넓은 흐름으로 확장될 가능성을 보여준다. 반대로 사라진 행동 역시 원인을 파악해야 한다. 외부적·내부적 변화, 세대적 가치 변화, 기술적 대체 요인 등 어떤 이유로든 변화는 반드시 배경을 가지고 있다.

날것의 인사이트를 찾아서

학생들은 구조적 선입견이 없으면서도 현실 소비문화의 중심에 있기 때문에, 변화의 신호를 가장 먼저 브여주는 '내부자-관찰자' 집단이다. 내가 학부생들과 만나고 그들의 소비 행동 리포트를 읽으며 배우는 이유도 여기에 있다. 그들은 마치 동물이 촉수를 뻗어 주변 환경을 탐색하듯, 내게 촉수 역할을 해준다.

나는 매 학기 학부생들과 토론하며 날것의 이야기를 듣는다. 비교과 수업도 열고, 개인 과제·팀 연구 과제를 제시하고, 매주 수십 명 학생과 팀 토론을 이어간다. 그들이 기록한 일상의 소비 패턴, 불편함, 선택의 이유, 구매의 실패와 만족, SNS에서 겪은 새로운 문화 경험 등은 텍스트 이상의 정보다. 그들의 말투와 태도, 주저함과 열광의 순간까지 모두 '현장 데이터'가 된다.

학생들에게 소비자의 삶을 깊고 세밀하게 따라가보라고 요청할 때면, 그들은 종종 "고졸자한테 뭘 기대하세요, 교수님?" 하고 농담 섞인 자조를 하기도 한다. 하지만 그 친구들은 충분히 우리의 선생이 될 수 있다. 인류학의 '민족지학'이 해당 민족의 삶을 함께 살며 관찰하는 방식이라면, 학생들이 들려주는 날것의 이야기는 오늘날 젊은 소비자들의 '생활 세계'를 가장 가까운 거리에서 보여준다. 외부자 시선으로는 보이지 않는 디테일이, 내부자의 일상 경험 속에서는 또렷하게 드러난다.

나는 이 학생들을 작은 인류학자들, 혹은 '촉수단'이라 부른다. 이들은 아직 학문적으로 다듬어지지 않았기에 날것의 이야기들을 경계 없이 담아낸다. 이 날것의 자료는 때로 전문가의 분석보다 더 선명하게 변화의 조짐을 드러낸다. 촘촘한 분석에서 놓칠 수 있는 아주 작은 균열이나 흐름을 발견하게 해주기 때문이다.

그러나 무엇을 더 파고들지, 어떤 비교를 수행할지, 어떤 현상이 장기적 흐름으로 진화할지 판단하는 일은 여전히 연구자인 내 몫이다. '경중을 구분하는 능력'은 단순한 데이터 해석 능력이 아니라 감각·경험·지식·정보·축적된 시행착오가 합쳐져 만들어진다. 여기서 말하는 '촘촘함'은 사실 팩트를 기계적으로 확인하는 능력이 아니다. 여러 현상 중에서 무엇이 진짜 중요한 장면인지, 왜 그 장면이 의미를 갖는지를 선별하는 시각이다.

새로운 행동, 반복되는 행동, 갑자기 사라진 행동. 이 신호를 가장 먼저 감지한 기업만이 다음 시장을 선점한다. 변화의 신호는 사람에게서 시작된다. 그리고 그 신호를 읽는 눈을 가진 조직이 다음 시대의 소비자를 가장 먼저 만난다.

질문을 연결하는 상상력의 힘

질문을 가지고 현장을 바라봐야 답을 찾을 수 있다. 질문이 없으면 현장을 봐도 아무것도 보이지 않는다. 한 개의 질문은 또 다른 질문으로 이어지고, 이렇게 연결된 질문의 사슬을 따라가면 소비자의 마음으로 향하는 통로가 열린다. 이때 필요한 것은 관련 없어 보이는 정보를 엮어내는 능력, 즉 숨은 이야기를 찾아내는 상상력이다.

명강사로 알려진 한 교수님과 함께 강연할 기회가 있었는데, 그분을 지켜보며 그 통찰의 원천은 정보와 정보 사이의 빈칸

경험수집가의 시대

을 메우는 상상력에 있다는 생각이 들었다. 예를 들어 "인간이 살고 싶어 하는 공간은 무엇인가?"라는 질문에 그는 "밀도 높은 공간"이라고 답하며, 건축학을 모르는 사람들도 이해할 수 있도록 이를 "걷고 싶은 거리, 산책로가 지나는 곳, 면적 단위당 이벤트가 많이 열리는 공간"이라고 풀어냈다. 그런데 이 답에 도달하는 과정이 특히 흥미로웠다.

"사람이 많이 모이는 곳은 농촌보다 도심입니다. 왜 그럴까요? 예전 조선시대에는 5일장이 있었죠. 매일 열릴 필요가 없었어요. 인구 밀도가 낮았기 때문입니다. 밀도가 낮았던 이유는 온돌 난방 시스템 때문이죠. 온돌 구조상 1층 건물 위주로 지어야 했고, 자연스레 건물들이 좌우로 길게 퍼졌습니다. 그러다 보니 사람들은 넓게 흩어져 살았고, 인구 밀도가 낮아 직능 분화가 일어나기 어려웠습니다. 5일장에서 국밥을 팔던 분들이 나머지 4일은 농사를 지어야 했던 이유도 여기에 있습니다."

짧은 몇 문장 안에서 시간·공간·기술·직업 구조가 교차한다. '인간이 살고 싶은 공간'이라는 현재적 질문이 조선시대 5일장으로 이어지고, 다시 온돌방의 건축 구조, 나아가 직능 분화가 이루어지지 못한 사회 구조와 연결된다. 이 모든 이야기가 결국

"왜 도심에 사람이 모이는가"라는 현재적 질문의 서론이 된다.

즉 단순히 '도시는 일자리가 많아서 사람이 모인다' 같은 설명이 아니라, 과거의 '구조적 제약 → 인구 밀도 → 직업 분화 → 현대 도시의 성격'이라는 인과적 흐름을 재구성한 것이다.

인사이트를 만드는 것은 맥락

이 사례는 소비자의 행동과 마음을 파악하기 위해 우리가 어떤 태도를 갖춰야 하는지를 잘 보여준다.

첫째, 사람들이 쉽게 묻지 않는 질문을 던질 수 있어야 한다. '인간이 살고 싶은 공간은 무엇인가?'는 간단해 보이지만 본질을 건드리는 질문이다. 좋은 질문이 좋은 관찰을 만든다.

둘째, 질문에 도달하는 방식이 독창적이어야 한다. 그는 시간과 장소, 상황을 자유롭게 넘나들며 다양한 근거들을 불러왔다. 단선적 사고로는 결코 나올 수 없는 답이다.

셋째, 정보를 서로 연결하는 상상력이 필요하다. 온돌방, 5일장, 직능 분화, 도시 인구 밀도는 모두 따로 보면 단편적 정보

 경험수집가의 시대

들이다. 그러나 '어디서 무엇을 가져와야 할지', '무엇을 원인으로 두고 무엇을 결과로 둬야 할지', '이 조각들이 어떤 새로운 그림을 그릴 수 있을지' 판단하는 감각이 있을 때 이 정보들은 서로 이어지며 의미가 된다.

소비자 인사이트 역시 이런 능력을 요구한다. 데이터 속에서 정답이 바로 튀어나오는 것이 아니라, 서로 엮이지 않은 조각들을 연결하고, 그 사이 빈칸을 상상하며, 보이지 않는 맥락을 그려내는 힘이 인사이트를 만든다.

소비자들의 페인 포인트를 찾아내려면

《창업을 위해 미학에서 배우는 신상품 개발》이라는 책에는 중국의 한 백화점 사례가 등장한다.[10] 중국 백화점에서 상품을 고르면 점원은 전표를 준다. 고객은 그 전표를 들고 캐셔에게 가서 결제한 뒤 다시 점원에게 돌아가 영수증을 전달해야 비로소 상품을 받을 수 있다. 한국 백화점의 방식과 비교하면 매우 번거롭지만, 이 장면의 핵심은 '좋다, 나쁘다'의 단순 비교가 아니다. 특정 산업에서 당연하게 여겨지는 절차라고 해서 다른 맥락에서도 최선이라는 보장은 없다는 점을 보여준다.

경험수집가의 시대

이 맥락을 유지한 채 장소를 우리나라의 종합 병원으로 바꿔보면 흥미롭다. 이 책의 저자는 종합 병원에서 진료를 마친 환자가 다음 방문 일정과 주의사항을 간호사에게 안내받는 흐름을 보며 한 가지 질문을 던진다. "그렇다면 치료비 결제도 간호사가 함께 처리해주면 안 될까?"

이는 백화점의 고객 경험 방식을 의료 환경에 빗대어 재적용하는 사고법을 통해 새로운 가치를 창출할 수 있음을 보여준다. 즉 산업이 달라도 '불편의 본질'은 구조와 절차에 있고, 이를 재배치하거나 생략하는 사고가 소비자의 페인 포인트를 드러낸다.

나 역시 캐나다에서 연구년을 보낼 때 흥미로운 장면을 많이 목격했다. 은행 영업시간이 그중 하나였다. 새 지역에서 생활을 시작하기 위해 가장 먼저 해야 할 일 중 하나가 계좌 개설인데, 도착한 날이 금요일이었기에 한국이라면 보통 다음 주까지 기다려야 했을 것이다. 그런데 캐나다 은행들은 토요일에도 문을 열었고, 어떤 지점은 금요일 밤 9시까지 영업했다.

모바일 뱅킹이 가능한 시대라 해도, 오프라인 방문이 반드시 필요한 상황은 존재한다. 바로 이 지점(삭제할 것, 늘릴 것, 합칠 것)을 감각적으로 포착하는 능력이 소비자의 페인 포인트를 발견하게 한다. 관찰은 이런 분석적 사고와 결합할 때, 더 강력한 힌트를 준다.

관찰에서 인사이트로: 페인 포인트를 찾는 4단계

관찰만으로 이해되지 않는 부분은 반드시 인터뷰가 필요하다. 관찰과 인터뷰가 교차하며 순환적으로 이루어질 때 소비자 마음은 비로소 입체적으로 드러난다.

1단계는 관찰이다. 소비자의 자연스러운 욕망이 드러나는 **순간을 포착해야 한다.** 관찰의 핵심은 소비자가 시간을 어디에 쓰는가, 돈을 어디에 쓰는가다. 특히 가장 오래 걸리는 활동, 자주 하는 활동, 많은 돈이 지출되는 활동, 자주 생각하게 만드는 주제는 중요한 출발점이다. 이때 떠오르는 가설은 이후 인터뷰에서 검증된다.

2단계는 동기 탐색이다. "왜 그러셨어요?"라는 질문을 소비자에게 던져야 한다. 그러나 '왜'라는 질문은 단순하지 않다. 사람들은 이유를 말로 표현하는 순간 합리화하는 경향이 있기 때문이다. 따라서 관찰과 동기 탐색은 순환적이어야 한다. 예를 들어보자. "왜 비싼 돈을 주고 중고 에어조던을 샀나요?"라고 물으면, 많은 청년은 "재테크 때문"이라고 답한다. 그런데 막상 가격이 오르는 시점에도 팔지 않는다. 이때 다시 묻는다. "그렇다면 왜 팔지 않았나요?" 그러면 비로소 진짜 속내가 나온다.

“마이클 조던의 정신을 닮고 싶어서요.”

“신기만 해도 가슴이 웅장해져요.”

표면적 동기와 실제 행동이 어긋나는 지점에서 소비자의 진짜 욕망이 드러난다.

3단계는 만족도 탐색이다. “어떠셨어요?”라는 질문이 필요하다. 만약 소비자가 다시 하고 싶지 않다면, 그것은 일시적 트렌드일 가능성이 크다. “왜 중단했는가”, “무엇이 아쉬웠는가”를 묻는 이유도 바로 이것 때문이다. 비포&애프터의 간극이 소비자의 평가를 드러낸다.

4단계는 확산도 탐색이다. “친구들은 뭐래요?”라고 물어보자. 이 질문을 통해 행동의 전파력, 영향력, 확산 경로를 확인한다. SNS, 검색량, 키워드, 주변인의 반응 등과 비교하면 더욱 입체적으로 해석된다.

현실적 제약 속에서도 인사이트를 얻는 법: 워크맨의 방식

많은 현업자가 다음과 같이 말한다.

"시간이 없어요."

"예산이 없어요."

"소비자 관찰이 우리 업무와 무슨 상관이죠?"

그래서 관찰과 인터뷰는 늘 우선순위 뒤로 밀린다. 그러나 현실적 제약이 있다고 해서 소비자 이해를 포기할 필요는 없다. 가능한 방식으로 우회하면 된다.

일본 작업복 시장 1위 워크맨은 그 해법을 잘 보여준다. 워크맨은 캠핑, 골프, 라이딩처럼 자사 경험이 부족한 영역에서 소비자를 이해하기 위해 그 분야의 인플루언서를 앰버서더로 초대한다. 이들은 보수를 받지 않기 때문에 솔직한 의견을 말할 수 있다. 워크맨은 제품 개발 초기부터 이들의 피드백을 반영하고, 프로토타입을 먼저 사용해보도록 한다.

소비자 입장에서도 '소비자와 함께 만든 제품'이라는 신뢰가 붙고, 인플루언서 입장에서도 팔로워에게 영향력 있는 콘텐츠를 빠르게 선보일 수 있다. 즉 직접 수십 명을 만나기 어렵다면, 수만 명의 팔로워를 지닌 '현장 전문가'를 만나면 된다. 관찰력을 가진 사람과 교류하는 것도 훌륭한 관찰의 대체 수단이 될 수 있다.

복잡한 고객 경험에서 페인 포인트를 찾는 방법

앞서 소비자 인사이트를 얻기 위한 4단계 탐색법과 워크맨 사례를 통해, 관찰과 인터뷰, 확산도 확인을 병행하며 소비자의 마음을 읽어내는 방식을 살펴보았다. 여기에 더해, 빅데이터 기반 분석과 FGI Focus Group Interview 역시 기업 현장에서 널리 활용되는 방법이다.

빅데이터 분석은 대규모 소비자 집단의 이동과 행동 패턴을 '얼굴 없는 다수'의 행태로 보여주며, 생성형 AI의 보조를 통해 요약과 인사이트 도출을 훨씬 용이하게 돕는다. 반면 FGI는 '이름 있는 소수'를 대상으로 깊이 있는 탐구를 가능하게 한다.

모더레이터가 얼마나 치밀하게 질문을 설계하고, 즉석에서 연계 질문을 던지며, 숨은 동기를 끌어낼 수 있느냐에 따라 그 깊이가 달라진다. 단순히 응답을 듣는 것이 아니라, 응답 뒤편의 동기·감정·의도를 추적하는 과정이 FGI의 핵심이다.

하지만 알고 싶은 질문과 관련해 데이터 자체가 부족한 경우도 많다. 탐색하려는 주제가 새롭고 독창적일수록 기존 데이터는 거의 없거나, 있어도 해석을 도와줄 만한 맥락이 희박하다. 혹은 데이터의 양이 지나치게 방대해 무엇을 기준으로 해석해야 할지조차 감이 잡히지 않을 때도 있다. 바로 이런 상황에서 유용한 접근법이 복잡한 고객 경험 여정을 단계별로 쪼개어 페인 포인트를 발견하는 방식이다.

캐나다 캘거리 공항에서 수화물을 잃었던 적이 있다. 공항에 도착했으나 수화물은 오지 않았다. 이때의 경험은 복잡한 고객 여정이 소비자에게 얼마나 큰 불안과 감정적 스트레스를 주는지 잘 보여준다. 여행객 신분으로 매일 숙소가 바뀌고, 어디로 수화물이 배송될지 알 수 없는 상황에서 아름다운 록키산맥은 시야에 들어오지도 않았다. 항공사, 공항, 직원, 시스템, 심지어 스스로를 향한 원망까지―이 복잡한 감정의 흐름은 단순히 "수화물이 늦게 도착했다"라는 기능적 문제로 설명되지 않는다. 이처럼 다단계 절차가 얽힌 고객 경험에서는 기능적·정서적·인지적 요소들이 서로 맞물려 전혀 예상치 못한 페인 포인트를 만든다.

홀스Holz[11] 교수팀은 국제 항공 탑승 경험이라는 복잡한 여정을 분석하기 위해 세 가지 질문을 던졌다.

"우리가 지금 알고자 하는 고객 경험 여정은 무엇인가?"

"그 여정에서 소비자가 경험하는 페인 포인트는 무엇인가?"

"우리가 도입하려는 솔루션이 그 페인 포인트를 어떻게 해결하는가?"

연구진은 607개 공항에 대한 7,192개의 고객 리뷰를 분석하며 고객이 겪는 문제를 인지적Information, 기능적Performance, 정서적Hospitality 세 요소로 나누어 살폈다.

예를 들어, 인천공항에서 로마행 비행기를 타려는 상황을 떠올려보자. 비행 시간과 환승 정보가 시의적절하게 제공되었는지(인지적 요소), 수화물 처리·보안 검색이 원활했는지(기능적 요소), 연착이나 분실 상황에서 공감하며 도움을 주는 직원이 있었는지(정서적 요소)가 모두 고려 대상이 된다.

또한 이 페인 포인트의 원인이 '상호작용 영역(직원·고객 간 마찰)'인지, 혹은 '구조적 영역(시설 부족, 프로세스 미비)'인지 다시 나누어 분석한다.

문제의 유형과 원인이 명확해지면, 어느 지점을 개선해야 고객 경험의 질이 향상되는지가 훨씬 구체적으로 드러난다. 이 방식은 적절한 개입 포인트를 식별하는 데 탁월한 힘을 가진다. 특히 절차가 복잡하고 변수가 많은 서비스업에서는 고객 경험 설계의 출발점을 잡는 데 매우 효과적이다.

'절차'가 아닌 '경험'의 문제

소비자의 페인 포인트는 단순한 오류나 불편함에 그치지 않는다. 정보가 모호해 생기는 불안, 절차가 길어 발생하는 좌절, 대응 과정에서 느끼는 소외감 등 인지·기능·정서가 뒤섞인 복합적 경험이다. 따라서 소비자의 마음을 이해하려면 여러 관점과 방법을 조합해 입체적으로 살펴야 한다.

관찰이 필요하고, 인터뷰가 필요하며, 확산도를 확인하는 질문이 필요하고, 때로는 워크맨처럼 외부의 관찰자(해당 분야의 팬덤과 인플루언서)의 감각을 빌릴 필요도 있다. 빅데이터는 전체 흐름을 보여주고, FGI는 개인의 깊은 이야기를 보여준다. 그리고 복잡한 고객 여정 분석은 소비자가 어디에서 막히고, 무엇을 두려워하고, 어떻게 감정이 출렁이는지를 구조적으로 정리해준다. 그 모든 과정을 종합할 때 비로소 소비자의 페인 포인트는 선명해진다.

그리고 이 페인 포인트를 해결하는 순간, 기업은 단순히 '불편을 줄이는 서비스'를 넘어 소비자가 신뢰하여 반복해서 찾는 브랜드로 성장하게 된다.

소비자 인사이트를 바라보는 세 가지 시선

기업마다 필드 트립, 인사이트 트립이 인기를 얻고 있다. 필드 트립을 떠나는 이유는 다양하다. 책상머리를 벗어나 새로운 장소를 방문하는 것만으로도 사고가 확장되기도 하고, 직원 복리 차원의 포상 여행처럼 기분 전환의 의미로 가는 기업도 있다. 쪼개진 업무와 부서, 조직 간 사일로Silo를 완화하기 위해 여러 부서 사람들이 함께 현장을 방문하는 경우도 있다. 원래 곡식이나 목초를 쌓아두는 창고를 뜻하는 사일로라는 단어가, 기업 내 '부서 간 장벽'이나 '부서 이기주의'를 설명할 때 자주 쓰이는 이유도 여기에 있다.

경영 현장은 아이디어 싸움이 치열하고, 신상품 기획이 새로운 수익의 물줄기라면 인사이트는 생수의 근원이라고 할 만하다. 그래서 인사이트를 줄 만한 장소를 찾아 나서는 것은 자연스러운 일이다. 필드 트립 방문지는 이종 산업, 경쟁사의 고객 접점, 핫플레이스, 젊은 층이 모이는 공간, 성수·한남의 골목 등 매우 다양하다.

하지만 많은 기업이 필드 트립을 다녀온 뒤 "그날은 즐거웠는데, 돌아오니 남는 게 없다"라는 피드백을 하기도 한다. 왜 그럴까? 새로운 장소의 환기 효과는 크지만, 무엇을 보아야 하는지, 어떻게 보아야 하는지가 정리되어 있지 않기 때문이다. 단순히 '좋았다', '사람이 많았다', '이 장소는 이런 의미가 있다'라고 느끼는 것만으로는 인사이트가 구조화되지 않는다.

그래서 한 기업의 R&D 핵심 인재들과 해외 필드 트립을 떠났을 때, 이들이 현장 경험을 업무와 연결할 수 있도록 돕기 위해 나는 '세 가지 시선'을 제안했다. 함께한 분들은 기업 내 평가에서 상위 1퍼센트를 차지하는 분들로, 습득력이 빠르고 학습 의욕이 높았다. 한 가지 과제를 드리면 두세 가지 방법으로 답변을 준비해 올 정도였다. 그러나 마케팅 사이트로 유명한 곳, 사람들이 들끓는 곳에 무작정 데리고 가면 그 필드 트립에서의 경험을 본인의 업무로 연결 짓기는 어려워했다.

다음은 내가 제안한 세 가지 시선이다. 이는 소비자 인사이트를 찾기 위해 현장을 방문하는 모든 사람에게 적용할 수 있는 방법이기도 하다.

첫 번째 시선: 고객의 몸으로 느껴보기

가장 먼저 해야 할 일은 단순히 '고객으로서 경험해보는 것'이다. 사람을 대상으로 한 공간이므로, 나 역시 사람으로서 느껴보는 것이다. 멀리서 품평만 하지 말고, 온전히 맛보고, 느끼고, 직접 체험한다.

'와, 이건 좋다.' '이건 조금 별로네.' '나도 다음엔 아이를 데리고 와야겠다.' '우리 아내도 좋아하겠네.' '오래 기다리니 힘드네. 왜 이렇게 왔다 갔다 하라고 하지?' '키오스크 너무 불편한데…….' 이런 감정적·신체적 반응이 바로 고객 경험의 출발점이다. 직접 느끼는 과정이 선행되지 않으면, 다음 단계의 분석도 공허해진다.

두 번째 시선: 마케터의 눈으로 의도를 읽기

고객으로서 충분히 느껴본 후에는 마케터의 시선으로 현장을 바라본다. 특히 이상하고 의아한 지점, 즉 '왜 여기에 이것을 이렇게 배치했을까?'가 핵심 단서다.

성수동 탬버린즈 스토어를 예로 들어보자. 가장 좋은 위치에 꽃분홍색 옷을 입은 할머니 조각상과, 그 입술에 립밤을 바르는 할아버지 조각상이 놓여 있다. 탬버린즈의 주 고객층은 젊은 여성인데, 왜 이런 조각품을 공간의 중심부에 배치했을까? 또한 지상 1·2·3·4층은 골조만 드러낸 채 텅 비워두고, 지하 1층만 실제 매장으로 사용하고 있다. 이 비싼 땅에서 왜 이런 공간 설계를 했을까?

이 질문은 단순히 디자인 요소를 묻는 것이 아니라, 브랜드 경험을 설계한 사람이 어떤 감정·행동·이야기를 발생시키고 싶었는가를 추적하는 과정이다. 그리고 그 의도가 과연 소비자에게 잘 전달되고 있는지, 고객의 경험과 브랜드의 메시지가 정확히 교차하는지, 혹은 왜곡되는 부분은 없는지를 살핀다. 1단계에서의 '고객 경험'과 2단계의 '마케터 시각에서 관찰'을 서로 교차해보아야 한다.

세 번째 시선: R&D·신상품 기획자의 관점으로 재해석하기

앞선 두 단계가 현장을 '느끼고' '읽어내는' 과정이었다면, 세 번째 시선은 그 경험을 자신이 속한 산업과 업무의 언어로 번

역하는 단계다. 이제는 '단순히 인상 깊었다', '새로웠다'는 감상을 넘어, 이 경험이 우리 기업과 브랜드, 제품과 서비스에 어떤 질문을 던지는지를 고민해야 한다. 다시 말해, 현장에서 발견한 장면을 내가 잘 아는 세계와 연결하는 사고 과정이다.

이 단계에서는 상상력과 비유가 중요해진다. 눈앞에 있는 브랜드가 내 산업의 동종업이 아니더라도, 혹은 전혀 다른 카테고리에 속해 있더라도, 그 경험이 담고 있는 구조와 의도, 감정의 설계 방식을 분해해볼 필요가 있다.

예컨대 탬버린즈는 핸드크림, 바디워시, 향수 등을 파는 브랜드다. 자동차나 세탁기, TV를 만드는 기업의 R&D 엔지니어에게는 언뜻 아무 상관없어 보일 수 있다. 하지만 바로 이 '상관없어 보임'이 사고 확장의 출발점이 된다.

탬버린즈의 제품을 하나 떠올려보자. 퍼퓸드 핸드크림의 본래 기능은 손을 보호하고 보습을 제공하는 것이다. 이 기능만 놓고 보면 기존 시장에 이미 수많은 대안이 존재한다. 여기서 탬버린즈는 이 본질적 기능을 혁신한 것이 아니라, 그 기능을 감싸는 경험의 층위를 확장했다. 손에 바르는 크림에 향이라는 요소를 적극적으로 결합해, '손 관리'라는 일상적 행위를 '기분을 전환하는 순간'으로 재정의했다. 여기에 독특한 용기 디자인이 더해진다. 체인이 달린 핸드크림은 단순한 포장이 아니라, 들고 다니고 싶고 보여주고 싶은 오브제가 된다. 매일 사용하는 생활용품을 액세서리처럼 다루게 만든 것이다.

이 지점에서 R&D나 신상품 기획자는 다음과 같은 질문을 던질 수 있다.

"우리 제품은 지금 어떤 기능에만 갇혀 있는가. 소비자가 매일 접하지만 아무 감정도 남기지 않는 '무색무취의 기능'으로 머물러 있지는 않은가. 혹시 본질적 성능 개선에만 몰두한 나머지, 그 성능을 사용하는 순간의 감정과 맥락을 충분히 설계하지 못하고 있지는 않은가."

탬버린즈의 제품이 고가임에도 선물용으로 자주 선택되는 이유도 여기서 설명된다. 받는 사람 입장에서는 쉽게 자기 돈을 쓰기엔 망설여지지만, 선물로 받았을 때는 기분 좋은 가격대다. 기능 이상의 감정적 가치가 담겨 있기 때문이다.

실제로 탬버린즈는 카카오톡 선물하기 상위권에 자주 오르며, 아이아이컴바인드의 화장품 부문 매출은 2022년 576억 원에서 2023년 1,174억 원, 2024년 1,645억 원으로 빠르게 성장했다. 영업이익 역시 같은 기간 큰 폭으로 증가했다. 이 수치는 단순한 디자인 성공이 아니라, 제품 경험 전체를 재구성한 전략의 결과라 볼 수 있다.

이제 다시 시선을 우리 기업으로 돌려보자. 핸드크림의 용기와 향을 바꾼 것처럼, 우리 제품에도 이렇게 '당연하게 여겨져 온 요소'가 있을 것이다. 늘 같은 위치에 있던 버튼, 늘 같은 색이었던 부품, 항상 기능 설명서에만 머물던 기술. 그것을 다른 감각 요소와 결합해서 전혀 다른 경험으로 바꿀 수 있을까?

예컨대 지금까지 냄새를 제거하는 데만 집중했던 제품이라면, 불쾌한 냄새를 없애는 것을 넘어 공간의 기분을 바꾸는 향을 제안할 수 있을지 고민해볼 수 있다. 혹은 마장에서의 고객 동선과 전시 방식에서, 소비자가 당연히 예상하는 흐름을 일부러 비틀어 새로운 인상을 남길 수 있을지도 모른다.

중요한 것은 정답을 찾는 것이 아니라, 질문의 범위를 넓히는 것이다. 탬버린즈를 그대로 따라 하라는 뜻이 아니다. 그들이 한 선택의 이유와 구조를 해체해보고, 그 구조를 우리 산업의 언어로 다시 조합해보는 과정이 핵심이다. 이때 필드 트립에 참여한 핵심 엔지니어의 역할은 결정적이다. 오랜 시간 축적된 기술적 이해와 산업 맥락에 대한 지식이 있기 때문에, 겉으로는 전혀 다른 사례에서도 자신만의 연결 고리를 만들어낼 수 있다.

결국 세 번째 시선이 완성되면, 필드 트립은 단순한 견학이 아니라 사고 실험의 장이 된다. 현장에서 발견한 낯선 요소와 내가 이미 알고 있는 세계가 충돌하며, 기존에는 떠올리지 못했던 전략적 질문이 만들어진다. 그리고 바로 이 질문들이 새로운 제품과 서비스, 경험 설계의 출발점이 된다.

소비자들을 만나기 위한 네 가지 생각법

소비자의 마음을 알기 위해 현장으로 나서기로 결심한 사람이라면, 곧 다음 질문과 마주하게 된다.

"그래서 어디로 가야 하는가? 내가 알고 싶은 소비자들은 지금 어디에 있을까?"

오늘날의 소비 문화를 직접 보고 느끼기 위해 길을 나서려는 사람들에게 이는 가장 현실적이면서도 가장 막막한 고민이다.

사무실에서 데이터를 들여다보며 가설을 세우는 단계를 넘어, 실제 고객이 있는 장소로 나가보겠다는 결심 자체는 반가운 일이다. 그러나 막상 나가려고 하면 방향을 잃기 쉽다. 경쟁사 매장이나 우리 제품을 파는 공간만 반복해서 방문한다고 해서 정말 새로운 인사이트를 얻을 수 있을지, 모두가 다녀왔다는 핫플레이스에 가본다고 해서 '잘한다', '세련됐다' 이상의 통찰을 얻을 수 있을지는 다시 생각해볼 문제다.

고객 현장을 제대로 발굴하고 통찰을 얻기 위해서는 최소한 다음 두 가지 전제가 충족되어야 한다.

첫째, 내가 파는 것이 실제로 유통되는 현장에 익숙해야 한다.

둘째, 내가 파는 것을 대체할 수 있는 것이 유통되는 현장에도 충분히 익숙해야 한다.

여기서 말하는 '파는 것'은 물리적 제품에만 국한되지 않는다. 서비스, 콘텐츠, 정보, 경험까지 소비자에게 제공되는 모든 것을 포함한다. 이 '파는 것'을 중심에 두고 현장을 다시 생각해보자는 것이다.

'유통되는 곳'을 다시 정의해야 하는 이유

'유통'과 '현장'이라는 다소 투박한 표현을 굳이 사용하는 이유도 여기에 있다. 고객 경험, 여정, 터치 포인트 같은 여러 개념이 넘쳐나는 상황에서, 정작 우리가 어디를 봐야 하는지는 흐릿해졌다. 기업이 실제로 설계하고 개입하며 책임지는 공간이 어디까지인지 모호해진 것이다. 일단 가장 단순한 질문으로 돌아가보자.

"내가 판매하는 제품과 서비스는 어디에서 팔리고 있는가. 오프라인 매장인가, 온라인 플랫폼인가, 혹은 두 방식이 결합된 하이브리드 형태인가."

"거래가 자주 일어나지는 않지만 브랜드를 알리고 경험하게 하는 팝업스토어나 체험형 공간은 있는가. 그리고 나는 그곳을 얼마나 자주, 얼마나 깊이 경험해봤는가."

즉 이 장에서 말하는 유통의 의미는 판매만이 아니다. 내가 판매해야 할 상품/서비스들이 나타나고 있는 곳 전체를 포괄하고 있다. 다음으로 살펴봐야 할 것은 대체재의 유통 현장이다. 이때 주의할 점은, 대체재가 반드시 같은 산업 안에만 존재하는 것은 아니라는 사실이다.

경험수집가의 시대

소비자의 시간을 기준으로 대체재 찾기

소비자가 기업의 마케팅 활동에 반응하는 방식은 인식, 감정, 행동의 차원으로 나누어 볼 수 있다. 구매와 재구매는 분명 중요한 행동 지표지만, 소비자는 항상 강한 애정이나 신뢰 때문에 특정 브랜드를 선택하지는 않는다. 그냥 적당해서, 습관적으로, 선택지가 없어서, 혹은 새로 고를 시간이 없어서 선택하기도 한다. 그렇기 때문에 소비자가 구매를 할 때 어떤 감정을 느끼는지, 얼마나 시간을 쓰는지, 어떤 흔적을 남기는지 역시 함께 살펴야 한다.

소비자가 가진 가장 독특한 제한 자원은 시간이다. 돈은 소득 수준에 따라 민감도가 다르고, 지불 의향도 다르지만, 시간은 누구에게나 하루 24시간으로 동일하게 주어진다. 소비자가 우리 매장에 얼마나 오래 머무는지, 우리 제품이나 브랜드에 대해 얼마나 오래 이야기하는지, 온라인과 오프라인에서 얼마나 많은 시간을 할애하는지는 모두 시간 점유율의 문제다.

한번 어떤 대상에 시간을 쓰기 시작하면, 그 시간은 다른 브랜드나 기업에 사용할 수 없다. 이 관점에서 보면, 같은 산업에 속하지 않더라도 소비자의 시간을 빼앗아가는 모든 대상은 우리의 대체재가 될 수 있다. 따라서 우리 브랜드가 차지하던 시간 점유율이 어디로 이동했는지를 중심으로 대체재를 다시 정의할 필요가 있다.

'결정적 순간'을 만들어내는 조건

물론 잘 설계된 새로운 장소에 방문하는 것만으로도 우리는 많은 자극을 받는다. 세계적인 조직행동론 전문가이자 베스트셀러 작가인 칩 히스Chip Heath와 댄 히스Dan Heath는 사람들이 오래 기억하는 경험을 '결정적 순간'이라 정의하며, 이런 순간이 개인에게 깊은 인상을 남긴다고 설명한다.[12] 이들은 결정적 순간이 네 가지 요소로 구성된다고 말한다. 고양, 통찰, 긍지 그리고 교감이다.

고양은 일상의 평범함을 넘어서는 감각적 경험이다. 우리는 압도적인 아름다움이나 비일상적인 공간에서 고양감을 느낀다. 미술관, 오페라, 콘서트홀, 독특한 건축물과 감각적인 팝업스토어가 사람들을 끌어들이는 이유도 여기에 있다. 통찰은 나와 세상을 새롭게 이해하게 되는 순간이다. '아, 이게 이런 의미였구나' 하고 인식의 틀이 바뀌는 경험이다. 긍지는 자신의 노력과 선택이 의미 있었음을 확인하는 순간이며, 교감은 타인과의 관계가 특별하게 연결되는 경험이다.

경험수집가의 시대

감각을 넘어서 통찰로 이어지려면

그래서 고객 인사이트 탐색을 위해 사람들이 가장 많이 찾는 장소는 대체로 감각적 즐거움을 제공하는 곳이다. 그러나 단순히 '낯선 곳에 간다'는 행위만으로는 한계가 있다. 공간의 설계 의도와 그 이면의 맥락을 읽어낼 때 비로소 통찰이 생긴다.

성수의 가장 비싼 땅 한가운데서 건물 대부분을 비워둔 템버린즈의 공간 연출이나, 긴자 중심부의 유니클로 플래그십 스토어에서 1층을 비워둔 전략은 단순한 공간 소비를 넘어 분명한 메시지를 담고 있다. 이런 맥락을 이해하는 순간, 우리는 '아하'에 도달한다.

미술관이나 콘서트홀도 마찬가지다. 공간 자체는 고양감을 주지만, 도슨트나 해설자가 그 의미와 의도를 설명해줄 때 경험은 통찰로 확장된다. 낯선 세계와 내가 속한 세계 사이에 연결 고리가 생기는 순간, 인사이트는 깊어진다.

인사이트 트립이 실행으로 이어지기 위한 네 가지 질문

조직 차원에서도 마찬가지다. 함께 어딘가를 떠나 미션을 수행하고, 그 경험을 나누고, 다시 업무의 결과물로 연결할 때 긍지와 교감이 만들어진다. 이런 이유로 기업들은 앞으로도 소비자를 만나기 위한 여정을 계속 설계할 것이다.

다만 인사이트 트립이 아무리 즐겁고 자극적이라 해도, 직무와의 연계성이 떨어지면 바쁜 일상 속에서 우선순위에서 밀려나기 쉽다. 단발성 체험으로 끝나지 않고 실행으로 이어지기 위해서는, 방문 장소 선정에도 분명한 논리가 필요하다. 이를 위해 다음 네 가지 질문을 기준으로 삼아볼 수 있다.

"우리와 타깃을 공유하는가?"
"유사한 경험을 제공하는가?"
"유사한 문제나 감정을 해결하는가?"
"그 공간만의 독창성이 분명한가?"

중요한 것은 산업이 아닌 사람

예컨대 Z세대를 위한 모빌리티 경험을 개발하고 싶다면, 자동차 매장 안에만 머물러서는 부족하다. Z세대가 실제로 시간을 보내는 카페, 전시, 팝업 공간, 야외 음악 페스티벌에서 그들의 일상과 감정을 읽어야 한다.

첫 차 구매자가 느끼는 설렘과 두려움, 청년 운전자만의 심리적 장벽은 매장 안에서는 잘 드러나지 않는다. 병원의 대기 공간을 혁신하고 싶다면 병원만 볼 것이 아니라, 대기 경험을 정교하게 설계해온 공항이나 테마파크를 참고할 수 있다. 기업이 소비자에게 이상적인 경험 ideal experience 을 제공하는 곳을 살피는 것이다. 탑승객에 따라 변하는 감각적인 모빌리티 경험을 제공하고 싶은 제조사와 기업이라면, 디지털 기술을 활용하여 여러 감각을 자극하고 예술적인 경험을 선사하는 미술관과 전시관에서도 인사이트를 얻을 수 있다.

결국 중요한 것은 산업이 아니라 사람이다. 내가 해소하고자 하는 문제를 이미 해결하고 있는 기업, 너가 고객에게 제공하고 싶은 감정과 경험을 구현하고 있는 장소를 찾아가 관찰하는 일은, 인간에 대한 이해의 폭을 넓혀준다. 그리고 바로 그 지점에서, 예상치 못한 인사이트가 태어난다.

소비자는 단순히 물건을 사는 사람이 아니다. 욕구를 인식하고, 대안을 탐색하며, 구매를 결정하고, 사용하고, 때로는 처분하기까지 일련의 과정을 거치는 존재다.

소비자 행동 연구는 바로 이 전 과정을 탐구한다. 따라서 소비자 행동을 분석한다는 것은 '무엇을 샀는가'를 묻는 일이 아니라, 왜 그 선택이 이루어졌는가 그리고 그 선택이 소비자의 삶에서 어떤 의미를 가졌는가를 묻는 일에 가깝다.

이 과정에서 무엇보다 중요한 것은 질문이다. 어떤 데이터를 보느냐보다 어떤 질문을 던지느냐가 분석의 깊이를 좌우한다. 같은 데이터를 두고도 질문이 달라지면 전혀 다른 인사이트에 도달할 수 있기 때문이다.

소비자 행동 연구의 대가인 마이클 솔로몬 Michael R. Solomon 과 연구자들은 소비자를 이해하기 위해 반드시 던져야 할 핵심 질문, 이른바 '빅 퀘스천 Big Question'을 여섯 가지로 정리했다.[13] 아래의 질문들은 단순한 체크리스트가 아니라, 소비자의 마음을 단계별로 해부하기 위한 관점의 틀에 가깝다.

1. 소비자는 무엇을, 어떻게 '원한다고' 결정하는가

소비자의 욕구는 언제나 명확하게 존재하지 않는다. 어떤 경우에는 분명한 필요에서 출발하지만, 많은 경우 욕구는 상황 속에서 만들어지고, 자극에 의해 활성화되며, 비교를 통해 구체화된다. 이 질문은 '왜 이 제품이 필요해졌는가'에 관한 질문이 아니다. '이 제품을 필요하다고 느끼게 된 계기는 무엇인가', '원래 없던 욕구가 어떻게 생겨났는가'를 추적하는 질문이다.

이 질문을 통해 우리는 소비자의 결핍, 불안, 기대, 혹은 동경이 어디에서 비롯되었는지를 파악할 수 있다.

2. 소비자는 다양한 대안 중 무엇을 믿고 선택하는가

오늘날 소비자는 정보의 부족이 아니라 정보의 과잉 속에 있다. 리뷰, 평점, 인플루언서, 광고, 주변인의 추천, 알고리즘이 제시하는 콘텐츠까지 수많은 정보가 선택을 둘러싼다. 이 두 번째 질문은 '정보를 많이 봤는가'가 아니라, '그중 무엇을 신뢰했는가'를 묻는다.

소비자가 신뢰하는 정보원은 곧 그 사람이 세상을 해석하는 방식과 가치관을 드러낸다. '전문가의 말인가, 나와 비슷한 처지의 사람의 경험인가, 혹은 브랜드가 직접 건네는 메시지인가.' 이 질문은 소비자의 판단 기준과 신뢰 구조를 해독하는 열쇠다.

3. 구매 과정은 소비자에게 어떤 감정적 경험을 남기는가

구매는 이성적인 계산의 결과처럼 보이지만, 실제로는 감정의 영향을 크게 받는다. 어떤 구매는 설레고 즐거운 경험으로 기억되는 반면, 어떤 구매는 번거롭고 스트레스로 남는다. 이 세 번째 질문은 구매 행위 자체가 소비자에게 어떤 감정 곡선을 그리는지를 살핀다.

결제 과정이 복잡했는지, 기다림이 길었는지, 선택이 어려었는지, 혹은 구매 순간이 하나의 '보상'처럼 느껴졌는지에 따라 같은 제품이라도 전혀 다른 기억으로 남는다. 이 질문은 고객 경험 설계의 핵심으로 이어진다.

4. 이 구매는 소비자의 정체성과 어떻게 연결되는가

사람들은 물건을 통해 자신을 표현한다. 소비는 기능적 선택인 동시에 정체성의 선언이기도 하다. 이 질문은 '이 제품이 누구에게 어울리는가'가 아니라, '소비자가 이 선택을 통해 어떤 사람이 되고 싶었는가'를 묻는다.

환경을 생각하는 사람, 합리적인 사람, 트렌드에 밝은 사람, 가족을 잘 돌보는 사람. 구매는 종종 이런 자기 서사를 강화하는 도구로 작동한다. 이 질문을 통해 우리는 소비가 개인의 자아 개념과 어떻게 얽혀 있는지를 이해하게 된다.

5. 사용 이후, 소비자는 정말로 만족하는가

구매 이후의 경험은 종종 분석에서 소홀히 다뤄진다. 그러나 소비자 행동은 구매 순간에서 끝나지 않는다. 사용하면서 느낀

만족과 불만, 기대와 현실의 차이 그리고 그 경험이 다시 선택에 영향을 미치는 방식까지 살펴봐야 한다. 이 질문은 제품이 약속한 가치를 실제로 수행했는지, 그리고 그 경험이 소비자의 삶에 어떤 흔적을 남겼는지를 묻는다. 만족은 기능의 문제이기도 하지만, 기대 관리의 문제이기도 하다.

6. 이 경험은 다음 행동으로 이어지는가

마지막 질문은 반복과 확산의 문제다. '다시 구매할 것인가, 다른 사람에게 추천할 것인가, 혹은 조용히 관계를 끊을 것인가.' 이 질문은 소비자 행동이 일회적 사건인지, 지속적인 관계의 출발점인지를 가늠하게 해준다. 브랜드 충성도, 구전, 팬덤은 모두 이 질문에서 출발한다.

이 여섯 가지 질문은 순차적으로 던질 수도 있고, 특정 단계에 집중해 사용할 수도 있다. 중요한 것은 질문을 알고 있는 것이 아니라, 이 질문들이 소비자의 삶을 어느 지점에서 비추고 있는지를 이해하는 일이다. 소비자 행동 분석의 핵심은 정답을 찾는 데 있지 않다. 올바른 질문을 던질 수 있는 감각을 기르는 데 있다. 이 질문은 바로 그 출발점이다.

무엇을 샀는가보다
무엇을 남겼는가에 주목하라

같은 소비 단계 안에서도 소비자와 기업 그리고 마케터가 던지는 질문은 미묘하게 다르다. 마케터는 소비자의 태도가 어떻게 형성되고 변화하는지에 관심을 둔다. 어떤 정보가 이 제품을 경쟁 제품보다 우월하다고 판단하게 만드는지, 소비자의 추론 과정에 영향을 미치는 요인이 무엇인지가 궁금하다.

이러한 질문은 자연스럽게 매장 환경, 정보 제시 방식, 온라인과 오프라인 접점 설계로 이어진다. '소비자의 심리 상태는 어떠한가', '피로하거나 바쁜 상태에서의 의사결정은 어떻게 달라지

는가', '디스플레이와 감각 자극은 선택에 어떤 영향을 미치는가'
같은 질문들이 뒤따른다. 구매 이후에는 재구매 가능성, 경험의 전
파 가능성으로 관심이 확장된다.

마이클 솔로몬의 여섯 가지 '빅 퀘스천'은 소비자 행동을
단계별로 해체하고 다시 조립하는 데 유용한 프레임을 제공한다.
그러나 모든 질문이 언제나 같은 무게를 갖는 것은 아니다. 시대
가 바뀌면 질문의 중요도 역시 달라진다.

지금, 더 중요해진 질문들

지금 시점에서 영향력이 커지고 있는 질문은 무엇일까. 나
는 그중에서도 2번, 3번, 4번, 그리고 6번 질문의 중요성이 이전보
다 훨씬 커졌다고 본다. 1번 질문의 핵심인 원하는 제품을 어떻게
결정하는가는 여전히 중요하지만, 그 답은 점점 더 2번 질문과 밀
접하게 연결되고 있다. 소비자는 더 이상 고립된 개인으로 의사결
정을 하지 않는다. 사회적 존재로서, 타인의 선택과 평가, 추천과
후기, 알고리즘과 플랫폼의 안내에 영향을 받는다.

문제는 '무엇을 신뢰하느냐'이다. 정보는 넘쳐나지만, 신뢰
할 수 있는 정보는 오히려 희소해졌다. 누가 말했는지, 어떤 맥락
에서 말했는지, 이해관계는 무엇인지에 따라 정보의 무게는 달라

 경험수집가의 시대

진다. 소비자들이 정보를 탐색하는 매체, 정브를 소비하고 공유하는 방식 그리고 '믿을 만하다'고 느끼는 기준은 이전과 완전히 달라졌다. 그렇다면 기업이 소비자에게 다가가기 위해 가장 먼저 고민해야 할 것은, 채널의 형태가 아니라 신뢰받는 정보원이 누구냐는 질문이다.

선택은 왜 점점 피곤해지는가

3번 질문, 즉 구매 경험이 즐거운지 스트레스인지를 묻는 질문 역시 지금 시대에 특히 중요해졌다. 우리는 선택지가 부족한 시대가 아니라, 선택지가 과잉인 시대를 살고 있다. 문제는 단순히 물건이 많다는 데 있지 않다. 맞춤형 제품과 서비스가 끊임없이 등장하면서, '나에게 딱 맞는 것'을 찾기 위한 탐색 비용이 급격히 증가했다는 점이 핵심이다.

하나의 제품이 필요할 뿐인데, 그 하나가 나의 필요를 80퍼센트 충족하는지, 120퍼센트 충족하는지를 판단하기 위해 소비자는 더 많은 검색과 비교, 학습을 요구받는다. 이 과정은 즐거움이 되기도 하지만, 동시에 부담이 된다. 포기하기에는 아쉽고, 끝까지 파고들기에는 너무 피곤하다. 그래서 소비자들은 묻기 시작한다. '누가 나를 도와줄 수 있을까. 어떤 브랜드가 나를 대신해 고민해

줄까.'

이 지점에서 인공지능 기반 추천과 개인화 서비스는 분명한 도움을 준다. 그러나 동시에 또 다른 질문을 남긴다. '나는 이 추천을 얼마나 신뢰할 수 있는가.' '알고리즘이 보여주지 않은 선택지는 무엇인가.' 편리함과 불안은 늘 함께 움직인다.

구매는 나에 대해 무엇을 말하는가

이러한 고민은 자연스럽게 4번 질문으로 이어진다. '이 구매는 소비자의 정체성과 어떻게 연결되는가.' 만약 구매가 오로지 기능적 필요만 충족한다면, 소비자 정체성과의 연결은 약할 것이다. 그러나 현실에서 소비자들은 구매를 통해 자신을 드러낸다. 취향의 방향, 가치관, 삶의 태도, 나아가 내가 어떤 사람이 되고 싶은지까지도 구매 선택에 반영된다.

그래서 브랜드에는 개성이 부여된다. 브랜드 성격, 브랜드 이미지, 브랜드 아이덴티티에 관한 수많은 연구는 소비자가 제품을 고르는 행위가 곧 자신을 표현하는 방식임을 보여준다. 소비자는 단순히 문제를 해결해주는 제품이 아니라, 나와 닮았거나 내가 지향하는 모습을 담은 브랜드를 선택한다. 구매는 기능의 문제가 아니라, 정체성의 언어가 된다.

사용 이후까지 확장된 질문

오랫동안 소비자 행동 연구에서 가장 기본적인 질문은 '제품이 제 역할을 하는가'였다. 이 질문은 지금도 유효하다. 다만, 오늘날 시장에 진입하는 제품들은 이 기준을 기본값으로 충족해야 한다는 기대가 형성되었다. 기능을 제대로 수행하는 것만으로는 더 이상 차별화가 되지 않는다.

그 대신 이전에는 거의 주목받지 않던 질문이 전면으로 떠올랐다. 바로 6번 질문과도 연결되는데, '제품 사용이 끝난 이후 어떤 영향을 미치는가'라는 질문이다. 한때는 기업에게 지나치게 가혹한 요구처럼 보였던 질문이지만, 이제는 소비자들이 자연스럽게 던지는 질문이 되었다.

이 변화는 단순한 윤리 담론의 확산 때문만은 아니다. 전 지구적 팬데믹, 극단적인 기후 변화, 일상의 불안정성은 '연결되어 있음'을 몸으로 체감하게 만들었다. 이 문제는 더 이상 추상적이지 않다. 경험을 통해 학습된 감각이다. 그래서 소비자들은 묻는다.

"내가 사용하는 이 제품은, 나와 타인 그리고 이 사회에 어떤 흔적을 남기는가."

기업에 던져진 질문의 무게

이 질문들은 기업에게 부담으로 느껴질 수 있다. 제품을 잘 만들어 팔기도 벅찬데, 구매 경험, 정체성 그리고 환경적 영향까지 고민해야 한다는 것은 과도한 요구처럼 보일 수도 있다. 그러나 기업은 제품과 서비스, 경험이라는 형태로 사람들의 삶에 개입하는 가장 강력한 행위자 중 하나다. 소비자 역시 하루의 대부분을 기업의 제공물과 함께 살아간다.

그렇기에 소비자들이 묻는 질문의 범위가 확장된 것은 자연스럽다. 그리고 이 질문에 진지하게 응답하려는 기업의 제품과 서비스는, 선택받을 이유를 하나 더 얻게 된다. 소비자들은 더 나은 선택을 하고 싶어 한다. 나의 소비가 나를 조금 더 나은 사람으로, 조금 더 책임 있는 존재로 만들어주길 바란다. 그 한 발짝을 함께 내딛게 해주는 기업을 찾고 있다.

앞서도 이야기했지만 소비자 행동 분석에서 가장 중요한 질문은 단순히 '무엇을 살 것인가'가 아니다. '이 선택이 나와 세상에 어떤 의미를 남기는가'라는 질문이다. 그리고 이 질문에 답하려는 시도 자체가, 오늘날 소비자를 이해하는 데 도움을 줄 것이다.

불편, 불안, 낭비와 의미, 재미, 상징

전작《소비자의 마음을 읽어드립니다》에서 소비자의 마음을 읽는 핵심 키워드로 불편, 불안, 낭비와 의미, 재미, 상징을 제시한 바 있다. 소비자의 선택과 행동 이면에는 언제나 감정이 존재하며, 마케팅에서는 이를 '니즈needs', '원츠wants/desire'라는 언어로 설명해왔다.

필립 코틀러Philip Kotler는 니즈를 배고픔처럼 보편적이고 일반화된 필요로, 원츠를 문화와 개인적 맥락에 따라 구체화된 욕구로 구분한다.[14] 같은 배고픔이라는 필요라도 어떤 이는 부대찌개

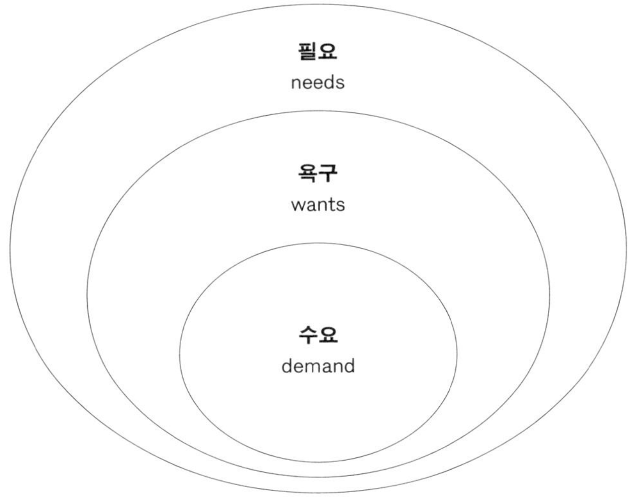

를, 어떤 이는 햄버거를 떠올린다. 여기에 구매할 수 있는 돈과 시간, 여력이 결합되면 '디맨드demand', 즉 수요가 된다.

필요에서 구매로 이어지는 구조의 힘과 한계

〈그림1〉에서 보이는 프레임워크는 소비자가 기본적으로 느끼는 필요가 어떻게 실제적인 상품 선택과 구매로 이어지는지

를 설명하는 데 유용하다. 단순해 보이지만, 이 구조를 통해 우리는 소비자의 필요가 국가별, 세대별, 문화별로 전혀 다른 구체적 상품 선택으로 전환될 수 있음을 이해하게 된다. 같은 '배고픔'이라는 필요가 어떤 사회에서는 집밥으로, 어떤 문화에서는 패스트푸드로, 또 다른 맥락에서는 미식 경험으로 발현되는 것처럼 말이다.

이 프레임은 또 하나의 중요한 사실을 드러낸다. 어떤 욕망을 느끼는 사람의 수와 실제로 구매까지 이어지는 사람의 수는 결코 같지 않다는 점이다. 욕망은 넓게 퍼져 있지만, 구매력이나 시간, 여유 같은 조건이 충족되지 않아 수요로 전환되지 못하는 경우도 많다. 즉 실구매 고객보다 잠재 고객의 규모가 훨씬 클 수 있음을 시사한다.

기업의 입장에서 이 지점은 전략적으로 매우 중요하다. 내가 파는 상품을 갖고 싶어 하는 사람이 많다고 해서 곧바로 매출로 이어지는 것은 아니기 때문이다. 욕망은 분명히 존재하지만, 왜 구매로 이어지지 않는지, 어떤 장벽에서 멈추는지를 살피지 않으면 전략은 공허해진다. 이 프레임워크는 그런 질문을 던지게 만드는 출발점이 된다.

프레임이 설명하지 못하는 것들

하지만 이 구조만으로는 충분하지 않다. 〈그림1〉의 프레임 워크는 소비자들이 왜 특정 상품을 원하게 되었는지, 어떤 감정과 계기를 거쳐 그 욕망이 형성되었는지까지는 설명하지 못한다. 다시 말해, 필요가 욕구로, 욕구가 수요로 전환되는 과정의 '심리적 메커니즘'은 여전히 빈칸으로 남아 있다.

같은 배고픔이라는 필요를 느끼더라도 어떤 사람은 집에서 요리해 먹고, 어떤 사람은 배달앱을 켜며, 또 다른 사람은 일부러 줄을 서서 유명 맛집을 찾는다. 이 차이를 만드는 것은 단순한 필요의 문제가 아니라, 각자가 느끼는 불편함, 불안, 낭비에 대한 인식이 다르고, 동시에 의미와 재미, 상징을 어디에서 찾느냐가 다르기 때문이다.

소비 동기를 다시 나누는 두 개의 축

그래서 나는 소비자의 욕망을 보다 잘 이해하기 위해, 소비 동기를 크게 두 가지 방향으로 나누어 보기를 제안한다. 하나는 회피 혹은 축소 동기, 다른 하나는 선망 혹은 추구 동기다.

'회피/축소 동기'는 말 그대로 내가 겪고 있는 문제를 줄이

경험수집가의 시대

고 싶다는 욕구에서 출발한다. 불편함을 덜고 싶고, 불안을 피하고 싶고, 시간이나 돈, 에너지를 낭비하고 싶지 않다는 마음이다. 많은 소비는 이 동기에서 시작된다. 잘 눌리지 않는 키오스크는 불편하고, 미래의 건강이 걱정되니 영양제를 사고, 복잡한 절차는 시간을 낭비한다고 느끼기 때문에 더 간편한 서비스를 찾는다.

하지만 소비는 여기서 멈추지 않는다. 사람들은 문제를 해결하기 위해서만 소비하지 않는다. 자신의 삶을 더 나은 방향으로 끌어올리고 싶을 때, 기분을 환기하고 싶을 때, 혹은 내가 되고 싶은 나에 가까워지고 싶을 때도 소비한다. 이것이 '선망/추구 동기'다.

이 동기에서 소비는 단순한 해결책이 아니라, 기대와 상상, 자기 해석의 도구가 된다. 멋진 자동차는 이동을 편하게 해주지만, 동시에 '나는 이런 사람이다'라는 메시지를 담는다. 명품 가방은 물건을 담는 도구이자, 나의 취향과 위치를 드러내는 상징이 된다. 어떤 소비는 불편을 줄이지 않아도, 오히려 불편함을 감수하면서까지 선택된다.

페인 포인트와 열망 포인트라는 두 개의 렌즈

기업 현장에서 자주 쓰이는 개념이 '페인 포인트'다. 고객

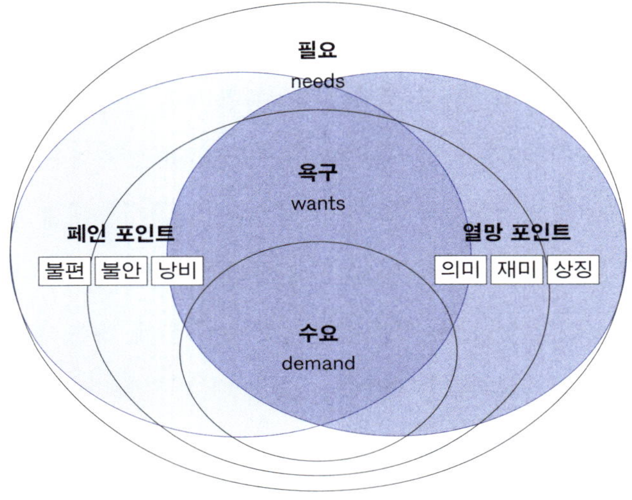

의 페인 포인트가 무엇이냐는 질문은, 사실 고객의 삶에서 어떤 불편과 불안, 낭비가 존재하는지를 묻는 말이다. 현금만 받는 매장, 콘센트가 부족한 카페, 복잡한 결제 과정, 오래 기다려야 하는 서비스는 불편과 시간 낭비가 페인 포인트의 요체다. 하지만 의료, 보험, 교육처럼 불안이 구매 동기의 핵심이 되는 산업도 많다.

한편 페인 포인트만으로는 설명되지 않는 소비가 점점 더 많아지고 있다. 오래 줄을 서야 하고, 꼭 필요하지도 않고, 실용적이지도 않은 굿즈들이 빠르게 팔린다. 재미있어서, 특이해서, 의미가 있어서 산다. 이 영역을 나는 열망 포인트라고 부른다. 의미, 재미, 상징이 작동하는 지점이다.

다이어리를 꾸미고, 텀블러를 커스텀하고, 운동화나 전자기기까지 스티커와 액세서리로 자기 취향에 맞게 변형하는 행동은 기능적 효율성만으로는 설명하기 어렵다. 개성 없는 획일화된 다이어리는 싫고, 모두가 같은 모양으로 쓰는 텀블러 역시 매력적이지 않다. 소비자들은 '내 것'을 만들고 싶어 한다. 이미 충분히 쓸 수 있는 물건임에도 불구하고, 추가 비용과 시간을 들여서까지 나만의 방식으로 꾸미는 이유는 그 과정 자체가 즐겁고, 그 결과물이 나를 닮았다고 느끼기 때문이다.

이와 비슷하게 소비자들은 자신의 가치관을 소비로 드러내기도 한다. 마음에 들지 않는 기업이나 비윤리적 행보를 보인 브랜드에는 불매로 의사를 표현하고, 반대로 공감 가는 행보를 보이는 가게에는 일부러 찾아가 구매하며 '돈쭐'을 낸다. 이때 소비는 단순한 구매 행위를 넘어, 나의 판단과 태도를 세상에 드러내는 표현 수단이 된다. 무엇을 사지 않는지, 무엇을 일부러 사는지는 그 사람이 어떤 가치를 중요하게 여기는지를 보여준다.

이런 소비는 불편을 줄이거나 불안을 해소하기 위한 선택이라기보다, 내 삶에 의미를 더하고 재미를 느끼며, '나는 이런 사람이다'라는 정체성을 확인하고 강화하기 위한 행동에 가깝다.

소비자는 상품을 통해 자신의 취향의 깊이와 방향, 중요하게 여기는 가치, 속하고 싶거나 거리를 두고 싶은 집단을 은근히 드러낸다. 그래서 소비는 점점 더 기능적 해결을 넘어, 자기 서사를 만들어가는 과정이 된다. 무엇을 선택했는지보다, 왜 그것을 선택했는지가 그 사람을 설명하게 되는 것이다.

두 가지 포인트를 함께 읽어야 보이는 것들

중요한 점은 페인 포인트와 열망 포인트가 서로 분리된 채 존재하지 않는다는 사실이다. 현실의 소비는 이 둘 중 하나로만 설명되는 경우가 드물다. 어떤 소비는 불편·불안·낭비를 줄이기 위해 시작되지만, 동시에 의미·재미·상징이라는 열망을 함께 자극한다.

이런 의미와 재미, 상징의 정점에는 자기 자신이 있다. 사람이 느끼는 재미는 저마다 다르다. 그의 성격과 배경, 환경에 따라 흥미와 재미를 느끼는 지점이 다르기 때문이다. 가치 또한 그렇다. 당신은 어떤 가치를 중요시하는가? 환경인가, 포용성인가, 동물권인가, 인권인가, 소외된 지역 보호인가, 평등인가, 자유인가.

가치의 우선순위에 맞게 소비하며 그 가치를 세상에 기표하는 것은 그 사람의 고유함을 반영하는 일이다. 특히 상징은 그런 자기 소비의 '끝판왕'이다. '현재의 나, 내가 속하고 싶은 곳, 되

경험수집가의 시대

고 싶은 나'가 상징에 들어 있다. 그렇기에 의미, 재미, 상징이라는 열망 포인트를 잘 담아내는 상품은 소비자에게 자기 자신과 연결되는 경험, 자기 자신이 강화되고 증폭되는 경험을 제공한다는 특징이 있다.

반대로, 열망을 충족시키기 위해 선택한 소비가 새로운 형태의 불편과 낭비를 만들어내기도 한다. 소비자의 마음은 열망 포인트와 페인 포인트라는 두 지점 사이를 오가며 움직인다.

예를 들어, OTT 콘텐츠 소비는 전형적인 열망 포인트 기반의 소비다. 재미를 느끼고, 의미 있는 이야기를 경험하며, 때로는 특정 콘텐츠를 소비하는 나 자신을 어떤 집단이나 취향과 연결하는 상징적 역할까지 수행한다. 그러나 동시에 OTT 시청은 또 다른 페인 포인트를 만들어낸다. 생각보다 많은 시간이 소요되고, 계획했던 일을 미루게 만들며, 어느 순간에는 통제하기 어려운 중독의 문제로까지 이어지기도 한다. 처음에는 '나를 즐겁게 하기 위한 선택'이었지만, 시간이 지나면 '시간을 빼앗기는 경험'으로 전환되는 것이다.

이처럼 페인 포인트에서 출발한 소비가 열망 포인트로 이동하기도 하고, 열망 포인트를 충족시키던 소비가 다시 새로운 페인 포인트를 만들어내는 순환은 매우 빈번하게 관찰된다. 그렇기 때문에 소비를 이해할 때 이 두 축을 분리해서 보거나, 어느 하나만으로 설명하려 하면 중요한 맥락을 놓치기 쉽다. 소비자는 언제나 문제를 줄이려는 존재이면서 동시에 자신의 삶을 확장하고 싶어 하는 존재이기 때문이다.

소비 동기를 '부정적인 요소를 줄이려는 힘'과 '긍정적인 요소를 키우려는 힘'이라는 두 방향으로 나누어 보면, 기업이 지금 어떤 종류의 문제를 해결하고 있는지, 혹은 어떤 종류의 욕망을 자극하고 있는지를 보다 선명하게 파악할 수 있다. 이 구분은 전략의 방향성을 가늠하는 기준점이 된다.

사고실험 thinking experiment을 위해 이 프레임워크를 구체적인 사례에 적용해보자. 앞서 '맞춤형이 좋아' vs. '고르기 귀찮아' 사이에서 진짜 소비자의 마음은 무엇인지에 대해 이야기했었다. 이런 상황에서 소비자를 이해하는 틀인 페인 포인트와 열망 포인트를 아는 기업이라면 어떤 전략을 세울 수 있을까?

페인 포인트를 줄이는 전략: 덜 고민하게 만드는 힘

불편, 불안, 낭비로 대표되는 페인 포인트를 줄여주는 전략을 고려하면, 기업은 크게 다음 세 가지 방향으로 질문을 던질 수 있다.

첫째, 소비자가 반복적으로 구매하며 상대적으로 실패 위험이 낮은 상품군에서조차 '고르기 귀찮음'이 크게 작동하고 있지는 않은가? 자주 사는 생필품, 구독 상품, 소모성 제품일수록 소비자는 매번 비교하고 선택하는 과정을 번거롭게 느낀다. 이때 선택의 폭을 줄이거나, 이미 검증된 선택지를 제시하거나, '이걸 고르면 실패하지 않는다'는 확신을 주는 구조는 소비자의 불편을 실질적으로 감소시킨다. 소비자는 더 이상 최선의 선택을 찾기 위해 에너지를 쓰지 않아도 되며, 이 절약된 에너지는 브랜드에 대한 호감으로 전환될 수 있다.

둘째, 소비자가 상품을 구매할 때, 불안해하지는 않는가? 망치면 되돌릴 수 없는 제품이나 서비스, 특히 경험재의 영역에서는 불안이 소비를 가로막는 가장 큰 장벽이 된다. 처음 가보는 여행지, 고가의 가전제품, 교육 서비스, 의료 서비스, 혹은 사용법이 복잡한 디지털 서비스는 모두 '잘못 선택했을 때의 위험'을 동반한다. 이때 기업이 할 일은 소비자의 불안을 무시하거나 과소평가하는 것이 아니라, 그 불안을 전제로 설계하는 것이다. 실패하지 않도록 돕는 가이드, 실제 사용자들의 구체적인 사용 팁, '처음이라면 이렇게 하세요'라는 안내는 단순한 정보 제공을 넘어 불안을 완화하는 장치로 작동한다.

셋째, 소비자가 상품을 구매할 때 드는 비용과 시간이 적절

했는가? 즉 낭비에 대한 질문이다. 소비자는 자신의 시간과 주의력, 돈이 헛되이 쓰이는 것을 싫어한다. 특히 정보 과잉의 시대에는 무엇을 선택하느냐보다 무엇을 선택하지 않아도 되는지가 더 중요해졌다. 빠르게 핵심을 파악할 수 있게 돕고, 불필요한 탐색 단계를 줄여주며, '이 정도면 충분하다'는 기준을 제시하는 기업은 소비자의 낭비를 줄여준다. 단순히 효율성의 문제가 아니라, 소비자의 삶을 존중하는 태도로 인식되기도 한다.

열망 포인트를 키우는 전략: 더 느끼게 만드는 힘

반대로 의미, 재미, 상징으로 대표되는 열망 포인트를 중심에 두고 전략을 설계하면 전혀 다른 방향의 질문이 가능해진다.

첫째, 이 경험이 반복되지 않기에 더 특별해질 수 있는가? 언제든 다시 살 수 있고, 언제든 다시 할 수 있는 경험은 쉽게 잊힌다. 반면 한정된 시간, 제한된 수량, 특정한 순간에만 가능한 경험은 소비자에게 '의미 있는 기억'으로 남는다. 이때 의미는 반드시 거창할 필요는 없다. '그때 그 시절에만 할 수 있었던 것', '그 시점의 나였기에 선택한 것'이라는 맥락 자체가 의미가 된다.

경험수집가의 시대

둘째, 선택의 과정 자체를 재미있게 만들 수 있는가? 전통적으로 선택은 번거롭고 피로한 과정으로 여겨져왔다. 그러나 선택의 여정을 놀이처럼 설계할 수 있다면 이야기는 달라진다. 고르는 과정에서 나 자신을 더 잘 알게 되거나, 결과를 기다리는 시간이 기대감으로 채워지거나, 다른 사람과 공유할 수 있는 서사가 만들어진다면 소비는 부담이 아니라 즐거움이 된다. 이때 재미는 제품 그 자체보다 경험의 설계에서 발생한다.

셋째, 이 소비가 나를 설명할 수 있는가? 어떤 상품과 경험은 단순히 사용되는 것을 넘어 '나를 설명하는 도구'가 된다. 내가 어떤 사람인지, 어떤 취향을 가졌는지, 어떤 집단에 속하고 싶은지를 드러내는 상징재가 되는 순간, 소비자는 제품을 기능이 아닌 정체성의 일부로 받아들인다. 이 경우 커스터마이징, 선택의 여지, 표현의 가능성은 매우 중요한 요소가 된다. 소비자는 자신의 손길이 닿은 만큼, 그 상품을 '내 것'으로 인식한다.

두 축을 함께 볼 때 생기는 전략적 시야

불편·불안·낭비를 줄이는 전략과 의미·재미·상징을 키우는 전략은 서로 대립하지 않는다. 현실의 소비에서는 이 두 축이 동시에 작동하는 경우가 훨씬 많다.

중요한 것은 우리 기업과 브랜드가 지금 어느 지점에 서 있는지를 자각하는 일이다. 소비자가 지금 우리에게 기대하는 것은 문제해결에 가까운가, 아니면 삶을 확장하는 경험에 가까운가. 혹은 이 둘을 동시에 충족시킬 수 있는 지점은 어디인가.

이 장에서 소개한 프레임워크는 바로 이 지점을 탐색하기 위한 사고의 도구다. 무엇을 줄여야 하는지, 무엇을 더해야 하는지 막막할 때, 전략의 방향을 가늠하게 해준다. 또한 수많은 선택지 앞에서 지금 기업이 선택해야 할 우선순위가 무엇인지 판단하는 기준이 된다.

소비자에게 그동안 충분히 제공하지 못했던 것은 무엇이었는지, 지금 이 시점에 더 강하게 요구되는 것은 어떤 종류의 가치인지 되짚게 만든다. 결론을 대신 내려주지 않지만, 대신 더 정확한 질문을 할 수 있게 도와준다. 그리고 그 질문이 쌓일수록, 소비자의 마음은 점점 더 선명해진다.

경험수집가들이 수집하는 경험의 특징

미래의 소비자들은 어떤 방향으로 변화할까. 나는 '경험수집가'라는 소비자 행태는 앞으로도 계속될 가능성이 높다고 본다. 지금의 소비자는 감정 낭비, 시간 낭비, 관심 낭비를 극도로 싫어한다. 대신 그렇게 아껴둔 감정과 시간, 관심을 자기가 좋아하는 일, 의미 있다고 느끼는 경험에 집중적으로 사용한다. 이런 소비자들의 태도는 이 책 1부에서 이미 자세히 다룬 바 있다.

이러한 흐름 속에서 넷플릭스처럼 소비자의 시청 이력은 물론, 어디서 멈췄는지까지 추적해 콘텐츠를 추천하는 기업은 소

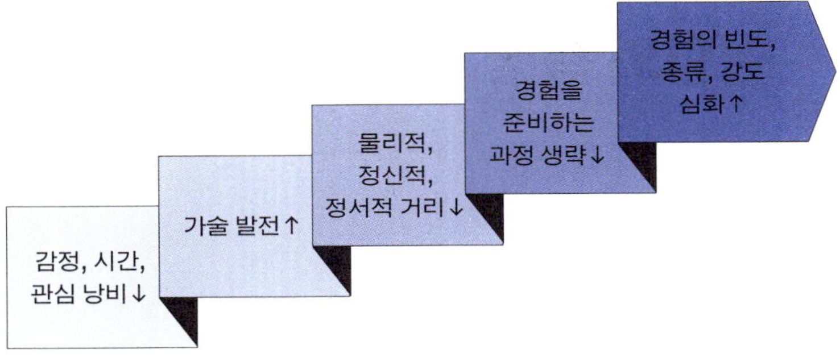

비자의 삶 깊숙이 들어온다. 넷플릭스는 1억 개가 넘는 아트워크를 보유하고 있다고 공표한다. 매일 들어가도 "볼 게 없다"며 '찜한 콘텐츠'에만 추가하고 나오는 소비자 입장에서는 쉽게 납득되지 않는 숫자다. 그러나 넷플릭스가 단순히 장르에 맞는 영화만 추천하는 것이 아니라, 같은 영화라도 어떤 장면을 썸네일로 보여줄지까지 개인화한다는 점을 알면 이 숫자가 이해된다.

같은 영화, 다른 첫 장면이 만드는 선택의 차이

예를 들어, 내가 좋아하는 영화인 〈굿 윌 헌팅〉을 떠올려보자. 외롭고 상처받은 수학 천재의 성장 서사를 담은 이 영화를, 로

맨스를 좋아하는 소비자에게는 남녀 주인공이 눈을 마주치는 장면으로 보여준다. 반면 형제애나 멘토 서사를 선호하는 소비자에게는 같은 영화 속에서 로빈 윌리엄스Robin Williams가 등장하는 장면을 썸네일로 노출한다. 첫 장면이 달라지면, 소비자가 느끼는 영화의 결도 달라진다. 클릭률이 높아지고, '인생 영화'를 만날 확률도 자연스럽게 올라간다.

구독 서비스의 가장 큰 난제가 '어떻게 소비자를 계속 만족시키고 우리 채널을 떠나지 않게 할 것인가'라는 점을 생각하면, 이는 작지만 매우 효과적인 기술 적용 사례다. 감정과 시간과 관심의 낭비를 줄여주는 기업은 앞으로도 계속 소비자의 선택을 받을 가능성이 크다. 그리고 이런 기술의 개발은 더 빨라질 것이다.

낭비를 줄이는 기술이 소비자의 기대치를 바꾼다

감정 낭비, 시간 낭비, 관심 낭비를 줄여주는 기술은 이미 그런 성향을 가진 소비자들의 특성을 더욱 강화한다. 흥미로운 점은 소비자들이 기술 개발의 난이도나 준비도를 거의 고려하지 않는다는 것이다. '조금 더 빠르게, 조금 더 정확하게' 만들기 위해 기업이 어떤 노력을 했는지는 중요하지 않다. 한 번이라도 낭비를 줄여주는 경험을 하면, 소비자는 그것을 표준으로 삼는다.

그래서 소비자들은 자연스럽게 묻는다.

"왜 플랫폼에서는 되는데 전자제품에서는 안 되지? 왜 전
자제품에서는 되는데 서비스 산업에서는 안 되지? 왜 뱅
킹에서는 안 되지? 화장품 업계는 되던데, 엔터테인먼트
산업은 왜 못 하지?"

이 질문은 비난이 아니라 기대의 이동이다. 소비자는 한 산
업에서 경험한 편리함과 최적화를, 다른 산업에도 요구한다. 여기
까지는 이미 많은 기업이 고민하고 있는 지점이다. '소비자의 감
정, 시간, 관심의 낭비를 줄이자'라는 목표 말이다.

물리적 거리의 축소: 새로운 비즈니스 기회가 열린다

그렇다면 그 다음 단계에서는 어떤 일이 벌어질까? 지금보
다 더 많은 산업에서 기술적 진보가 이루어진 이후의 소비자들은
어떻게 변할까? 이 기술들은 공통적으로 소비자가 경험하는 거리
자체를 축소시키고 있다. 그 거리는 물리적 거리이기도 하고, 정신
적 거리이기도 하며, 정서적 거리이기도 하다.

먼저 물리적 거리다. 서울과 부산을 당일치기로 오가는 일

은 이제 흔하다. 요즘 소비자들은 일본이나 중국도 당일치기로 다녀온다. 사업상의 이유 때문이 아니다. 그저 하루를 재미있고 특별하게 보내는 하나의 방식일 뿐이다. 저가 항공사 LCC의 증가로 가격은 낮아졌고, 운항 편수는 늘었다. 아침 7시 출발, 밤 10시 귀국이 가능하다.

스카이스캐너 같은 항공권 가격 비교 사이트, 모바일 탑승권, 자동출입국심사, eSIM 카드, 은행 앱을 통한 손가락 환전, QR 코드 결제까지. 여행의 거의 모든 과정이 손쉽다. 클룩, 네이버, 카카오처럼 초단기 여행 액티비티를 예약할 수 있는 모바일 플랫폼도 다양하다. 인천공항까지의 고속철도, 도쿄 공항에서의 항공-철도 연계 역시 이동의 부담을 줄인다. 일본과 한국의 물리적 거리는 그대로지만, 아침에 출국해 저녁에 집으로 돌아오는 경험은 소비자의 심상 속에서 그 거리를 급격히 줄인다.

일본 소비자들이 한국에 와서 쌀을 사가는 현상은 상징적이다. 기념품이 되기에는 너무 일상적인 물건인 쌀을 사 간다는 것은, 그만큼 서울이 '외국'이 아닌 생활권에 가까운 공간으로 인식되고 있다는 신호다. 이 물리적 거리의 축소는 그 자체로 새로운 비즈니스 기회를 연다.

정신적 거리의 축소: 배움의 진입장벽이 무너질 때

정신적 거리도 크게 줄어들었다. 와인을 즐기려면 예전에는 어느 정도의 지식이 필요했다. 오프라인 와인 살롱이나 커뮤니티가 활성화된 이유다. 그러나 지금은 유튜브에 '와인 맛 3분 정리' 같은 콘텐츠가 넘쳐난다. 레드, 화이트, 로제, 신대륙, 구대륙, 드라이함과 산미까지 단 몇 분 만에 정리된다.

전문 소믈리에 수준까지는 아니더라도, 와인 초보에서 벗어나는 데 필요한 정신적 거리를 아주 짧은 시간 안에 좁혀준다. '일타 강사 색 조합' 같은 콘텐츠 역시 마찬가지다. 굳이 의상학과를 나오지 않아도, 수많은 실패 구매를 거치지 않아도 색의 어울림을 빠르게 익힐 수 있다.

생성형 AI의 확산은 이 정신적 거리를 더욱 극적으로 줄인다. 디자인 전공이 아닌 경영대 출신 연구생들조차 생성형 AI와 몇 차례의 프롬프트 작업을 통해 전문가 수준에 가까운 이미지를 만들어낸다. 과거라면 기획서만 전달하고 디자인 에이전시에 의뢰했을 일을, 이제는 내부에서 상당 부분 소화한다. 완벽한 전문가가 되기까지의 거리는 여전히 존재하지만, '신입 사원 수준'의 결과물에 이르는 거리는 급격히 짧아졌다.

정서적 거리의 축소: 느슨하지만 넓어진 연결

정서적 거리 역시 빠르게 줄어들고 있다. 이것은 DX Digital transformation 디지털 전환기에 시작되어 AI 시대인 오늘날까지 지속적으로 확산되고 있다. 오늘 처음 만난 사람에게 인스타그램 계정을 묻고, 메타 플랫폼에서 친구 신청을 한다. 그 순간 그 사람이 살아온 과거, 취향, 관심사, 일상이 한눈에 들어온다. 러닝, 뜨개질, 뮤지컬, 제라늄 같은 취향을 기반으로 한 소규모 커뮤니티도 쉽게 만들고 쉽게 참여한다.

이처럼 느슨한 연결이 일상화되면서, 셀러브리티의 영향력은 줄고 마이크로 인플루언서와 관심사 기반 커뮤니티의 영향력은 커지고 있다. 소비자들이 인식하는 물리적·정신적·정서적 거리가 동시에 축소되고 있는 지금, 기업이 이제 정말로 던져야 할 질문은 이것이다. 이 거리의 축소는 소비자의 '다음 경험'을 어떻게 바꿀 것인가?

경험 이력서를 쓰는 사람들

소비자가 인식하는 물리적·정신적·정서적 거리의 축소는 곧 경험을 준비하는 과정이 점점 생략되고 있음을 의미한다. 일본행 비행기표가 싸다는 사실을 알게 된 순간 '가볼까?' 생각하고 바로 떠난다. 어제 저녁 일본에서 돌아왔는데, 오늘은 잠실 야구장에 가고, 내일은 다시 초보 작가처럼 그림을 그린다. 경험을 위해 따로 마음을 다잡거나, 긴 준비 기간을 거치지 않는다.

그렇다면 경험의 준비 과정이 생략되면 어떤 일이 벌어질까? 가장 큰 변화는 동일한 시간 안에 더 많은 경험을 채울 수 있게 된다는 점이다. 경험 준비에 쓰이던 시간이 사라지면서, 같은 하루가 이전보다 훨씬 촘촘해진다.

같은 하루, 더 많은 경험을 담으려는 욕망

같은 시간 안에 더 많은 경험을 할 수 있게 된 소비자들은, 자연스럽게 각각의 경험이 서로 달라야 한다는 기대를 갖게 된다. 단 하루에 여러 곳의 카페를 방문하는 소비자들을 떠올려보자. 오전 10시에 만나 첫 번째 카페에서 커피를 마시고, 점심을 먹은 뒤 두 번째 카페에서 일을 하다가, 디저트를 먹기 위해 또 다른 카페로 이동하는 연인들 말이다. 이는 과장된 예가 아니다. 젊은 커플들에게 데이트 코스를 물으면, 하루에 세 곳의 서로 다른 카페를 방문하는 것이 흔한 일정이라고 말한다.

이들에게 중요한 것은 '카페를 몇 곳 갔는가'가 아니라, 그 세 곳이 서로 얼마나 다른 경험을 제공했는가다. 인테리어, 분위기, 커피 맛, 디저트, 음악, 머무는 방식까지. 경험이 연쇄적으로 이어질수록, 각각의 경험은 더 선명한 차별성을 요구받는다.

경험 연쇄 작용의 끝에서 다시 시작되는 기업의 고민

경험 연쇄작용 맵의 마지막 단계에서, 기업의 고민은 다시 출발점으로 돌아온다. 소비자들이 앞으로 원하게 될 경험의 빈도, 종류, 강도 그리고 그 상이성은 무엇을 의미할까. 같은 시간 안에 더 많은 경험을 하게 되는 소비자들은 더 강렬한 경험, 더 풍성한 경험, 더 기억에 남는 경험, 그리고 더 다양한 경험을 원하게 된다. 그렇다면 기업은 무엇을 준비해야 할까.

소비자들은 기업의 영향을 받지만, 동시에 소비자의 선택과 선호가 기업 혁신의 방향을 이끈다. 지금 경험을 수집하고 있는 소비자들, 즉 새롭고 독특한 경험을 통해 자기 삶을 더 풍성하게 만들고자 하는 사람들이 사용하는 전략을 살펴보면, 기업이 지금부터 무엇을 해야 할지에 대한 힌트를 얻을 수 있다. 소비 문화의 지형을 바꾸고 있는 경험 수집가 그룹의 선두에 선 소비자들이 이미 사용하고 있는 전략을 이해하고 적극적으로 도입한다면, 이 대열에 합류할 수많은 소비자들을 이끄는 제안을 할 수 있을 것이다.

경험수집가들이 쓰는 네 가지 전략

이 책 전반에 걸쳐, 경험 수집가 소비자들이 자신의 경험을 다채롭고 풍성하게 만들기 위해 사용하는 전략을 소개해왔다. 이를 정리하면 크게 네 가지다.

첫째, 자아 더하기다. 자신의 취향과 성향을 분석하고, '이 경험이 나에게 왜 중요한가'를 분명히 인식하는 전략이다.

둘째, 이야기 더하기다. 로컬local, 기원origin, 역사history, 맥락context을 덧붙여 경험을 단순한 소비가 아니라 개인의 서사로 만든다.

셋째, 전문성 더하기다. 경험을 통해 취향, 안목, 진정성authenticity을 축적하고, 스스로를 조금 더 '아는 사람'으로 만든다.

넷째, 쓰임새 더하기다. 경험을 그 순간으로 끝내지 않고 변용하고, 응용하고, 확장해 삶의 다른 영역과 연결한다.

이 네 가지 전략을 한 문장으로 요약하면, '나를 위한 경험'이다. 그리고 의미와 재미, 상징을 담은 경험이다.

왜 불편한 경험이 더 오래 기억될까

아나트 카이난 Anat Keinan 교수와 란 키베츠 Ran Kivetz 교수는 왜 소비자들이 플로리다 해변의 쾌적한 호텔을 마다하고 아이스 호텔에서 숙박하고 싶어 하는지, 왜 베이컨 맛 아이스크림 같은 낯선 경험을 선호하는지를 연구했다.[15] 이들은 한 실험에서 새해 카운트다운을 눈이 펑펑 내리는 타임스퀘어에서 맞이하고 싶은 지, 눈이 내리지 않는 타임스퀘어에서 맞이하고 싶은지를 물었다.

무엇이 더 쾌적한지를 물으니 대다수가 눈이 내리지 않는 타임스퀘어를 선택했다. 그러나 "10년 뒤 무엇이 더 기억에 남을 까?"라는 질문에는 눈이 펑펑 내리는 타임스퀘어를 골랐다. 그리 고 "그래서 너는 무엇을 선택하겠느냐"고 묻자, 많은 소비자가 결 국 눈 내리는 타임스퀘어에서의 카운트다운을 원한다고 답했다.

경험 이력서를 쌓는 소비자들

소비자들은 자신이 시간을 낭비하지 않고 생산적으로 쓰고 있다는 느낌을 갖고 싶어 한다. 이 성향은 업무 환경뿐 아니라 여 가 활동에도 그대로 적용된다. 그래서 소비자들은 특별한 경험을 마치 '경험 이력서 Experiential CV'에 기록할 수 있는 성취처럼 인식한다.

성수동의 수많은 팝업스토어를 '투두 리스트'처럼 체험하는 소비자들의 모습, 한강 무소음 DJ 댄스 파티가 Z세대에게 유독 힙하게 받아들여지는 이유, 자기 돈을 내고 123층까지 힘겹게 올라야 하는 롯데월드타워 스카이런 행사가 몇 분 만에 완판되는 이유도 여기에 있다. 누군가 특별한 행사를 기획한다면, '당신의 경험 이력서에 넣을 수 있는 하루'라는 캐치프레이즈가 통할 수 있음을 보여준다.

생산 지향성의 역설

더 쾌적하거나 더 편안하지는 않지만 오래 기억에 남는 경험이 선택되는 현상은, 소비자의 생산 지향성과 깊이 연결되어 있다. 생산 지향성이 높은 소비자일수록, 경험 이력서에 적어 넣을 수 있을 법한 독특하고 극적인 경험을 선호한다. 이는 개인의 성격이나 문화적 특성의 반영이기도 하지만, 생산성이 강조된 환경에 반복적으로 노출되며 강화된 결과이기도 하다.

감정과 시간과 관심의 낭비를 줄여주기 위해 활약하는 기업, 그들이 만들어내는 기술과 서비스 덕분에 일상은 점점 최적화된다. 싫어하는 관심사는 배제되고, 시간 낭비와 감정 낭비는 피해야 할 것이 된다. 정신적·정서적·물리적 거리는 축소되고, 경험을 준비하는 과정은 생략된다.

그런데 바로 이 지점에서 역설이 나타난다. 낭비를 줄이기 위해 발전한 기술 환경 속에서, 오히려 낭비를 감수하더라도 기억에 남을 경험이라면 기꺼이 선택하겠다는 소비자들이 등장하는 것이다. 이들은 불편함과 수고로움조차, 수집할 가치가 있는 경험이라면 받아들인다. 그리고 바로 이 지점이, 앞으로 기업이 가장 주의 깊게 읽어야 할 변화의 신호다.

AI가 복제할 수 없는 '휴먼 포지셔닝'을 설계해야

'얼마나 쓰느냐'가 아니라
'어떤 인간이 되려고 쓰느냐'의 시대

이제 기업이 던져야 할 핵심 질문은 우리의 고객이 '제품에 얼마나 쓰느냐'가 아니라 '어떤 인간이 되기 위해 우리 제품을 쓰느냐'여야 한다. 오늘날의 소비는 지출의 총액이 아니라, 자신의 삶을 정의하는 '경험 이력서'를 채우고 편집하는 행위가 되었다. 무엇을 샀는지보다, 무엇을 해봤는지, 그리고 그 경험이 나를 어떤 사람으로 만들었는지가 더 오래 남는다.

　이러한 변화는 AI 시대에 접어들며 더욱 선명해지고 있다. AI가 더 빠른 결론과 정교한 추천, 손쉬운 실행을 제공할수록 사람들은 역설적으로 '결과'만으로는 자신을 온전히 설명할 수 없다는 결핍을 느낀다. 그래서 이들은 묻는다.

　　"AI가 대체할 수 없는 '휴먼 포지셔닝 Human Positioning'은 어디인가?"

　소비자는 자신의 소비문화와 의사결정, 그리고 구체적인 행동과 심리를 통해 이 질문에 대한 답을 스스로 증명해내고 있다. 경험수집가라 불리는 이 시대의 소비자들은 '피지컬'과 '프로세스'에서 그 해답을 찾는다.

　첫째, 피지컬은 '내 몸으로 직접 체득한 감각'이다. 모든 것이 편리해질수록 땀 흘리는 수고와 신체적 한계는 희소해지며, 그 희소함은 곧 독보적인 가치가 된다. 숨이 차오르고 손이 떨리며 다리가 저려오는 생생한 기억은 데이터로 복제되지 않는다. 이렇듯 피지컬은 경험을 박제된 정보가 아닌 '살아 있는 실체'로 만든다.

둘째, 프로세스는 '목적지에 도달하기까지의 과정'이다. 알고리즘은 단숨에 최단 거리의 결과만을 보여준다. 하지만 인간은 그 과정 속에 녹아 있는 시행착오와 수정, 그리고 학습의 시간에서 비로소 인간다운 가치를 발견한다.

결국 인공지능이 줄 수 없는 것은 결과가 아니라 과정이며, 소비자는 그 지난한 과정을 통과하며 얻은 자기 확신을 소비하고 있다. 이런 경험수집가 소비자들이 일으키는 기업의 변화는 크다.

제품의 경험화, 경험의 물성화

첫째, 제품과 경험의 경계가 빠르게 무너지고 있다. 제품은 점차 '경험화'되고, 반대로 경험은 제품처럼 '스펙'과 '구성 요소'로 관리된다. 경험수집가들의 마음을 사로잡고 싶은 기업은 제품의 언박싱, 사용 학습, 사용하는 순간과 사용 후의 감정 공유, A/S까지—제품이 놓이는 맥락 전체를 고려하여 경험으로 설계하고 있다.

반면, 전통적으로 경험재라 불리던 영역에서는 소비자들의 경험 소유 욕구가 강해지며 경험이 물성화되는 현상이 나타나고 있다. 사람들은 미술관의 작품이나, 박물관의 유물처럼 소유하기 힘든 대상을 내 삶에 두고 싶을 때, 혹은 대정하는 스타와의 만

남을 오래 추억하고 싶을 때, 마라톤이나 산디아고 순례길을 완주하고 그 경험의 상징성을 간직하고 싶을 때 물성을 찾는다. 이때 굿즈와 오브제, 응원봉과 완주 증서, 스티커 사진과 각종 기록물은 그날의 감정을 다시 불러오는 스위치다. 경험수집가의 '수집/기록 장치'가 되는 것이다.

상징 자산이 된 경험

둘째, 경험은 이제 개인의 정체성을 증명하는 '상징 자산'이 된다. 과거에 누군가의 정체성을 설명하던 정의가 '무엇을 가졌는가'였다면, 이제는 '무엇을 경험해보았는가'로 바뀌고 있다.

어디를 다녀왔는지, 무엇에 몰입해봤는지, 어떤 취향을 가지고 있고, 어떤 커뮤니티와 연결되었는지가 그 사람을 설명하는 무형의 자산이 된다. 그래서 소비자는 덜 쓰기보다 다르게 쓴다. 평소의 소비는 줄이더라도, 자신을 설명할 수 있는 소비—공연, 페스티벌, 여행, 취향 기반 활동에는 과감히 투자한다. 이들은 물건을 쌓기보다, 이야기와 기억을 쌓아가는 데 집중하는 소비자들이다.

경험수집가의 시대

경험수집가 Z세대는 '예외'가 아닌 '예고편'

이 책에서 Z세대를 심도 있게 이야기한 이유는 분명하다. 단순히 Z세대가 특별해서가 아니라, 그들이 '경험수집가'라는 새로운 소비 논리를 가장 먼저, 가장 선명하게 보여줬기 때문이다. 그리고 이 논리는 세대의 취향으로 끝나지 않는다. 경험을 준비하는 과정은 생략되고, 기록과 전시가 일상이 된 환경에서는 누구나 경험을 수집하게 된다. AI와 디지털 기술은 그 속도를 더욱 가속화할 것이다.

따라서 우리는 지금의 현상을 'Z세대만의 이야기'가 아닌, 곧 시장의 표준이 될 변화로 읽어내야 한다. Z세대는 시장의 '예외'가 아닌 '예고편'이며, '경험수집가'는 시장의 지엽적인 현상이 아닌 시장 전체를 설명하는 새로운 문법이다.

이 변곡점은 곧 '경험수집가 시대'의 다음 국면이기도 하다. AI와 디지털이 일상을 더 빠르게, 더 편하게 만들수록 사람들은 오히려 '내가 어떤 인간인지'를 경험으로 증명하려 한다. 그래서 독자와 기업들이 스스로에게 던져볼 질문을 정리하면 이렇다.

"우리 고객은 경험을 통해 자신을 어디에 포지셔닝하려 하고 있는가? 우리는 고객의 그 욕구에 어떤 언어와 경험으로 답하고 있는가?"

"우리 브랜드는 고객에게 어떤 감각, 어떤 피지컬 경험을 제
공하는가? 이 경험은 'AI가 대신할 수 없는 것'이라는 확
신을 주고 있는가?"

"우리의 제품과 서비스는 결과만 말하는가, 아니면 고객의
'프로세스'를 존중하고 드러내는가? 고객이 서툰 입문 단
계부터 성장하는 전 과정을 함께할 준비가 되어 있는가?"

"우리 제품은 충분히 경험화되어 있는가? 단순한 기능을 넘
어, 고객의 기억 속에 영원히 잊지 못할 장면과 감정으로
남을 설계를 하고 있는가?"

"우리 경험은 제품처럼 남을 수 있는가? 고객이 그날을, 그
순간을 다시 떠올릴 수 있게 해줄 기록/수집 장치(오브제·
이미지 등)를 제공하고 있는가?"

"이 다섯 가지 질문에 대한 답이 달라지려면, 우리는 무엇
(상품·마케팅·채널·조직 설계 등)을 근본적으로 바꾸어야 하
는가?"

소비자들은 더 많은 상품을 소유하기 위해 더 많이 돈을 쓰
기보다, '나를 더 잘 이해하고 나를 더 잘 설명해주는 곳'에 지갑
을 열려 한다. 기업의 입장에서는 페인 포인트를 넘어 열망 포인
트로 나아가야 할 이유다. 내가 해오던 모든 일을 더 쉽고 빠르게
해낼 수 있는 시대, '나보다 더 나 같은 답'을 내놓는 존재가 등장

한 시대에 소비자는 경험을 통해 자신의 희소성을 증명하고 싶어
한다.

결국 경쟁의 본질은 가격도 기능도 아니다. 고객이 자기 자
신을 설명할 때, 우리 브랜드를 꺼내 말할 이유가 있는가의 싸움
이다. 그가 한 경험의 총합이 그 사람인 시대, 우리 기업은 수집할
만한 경험을 제공하는가. 우리 브랜드는 소비자들의 체험 이력서
에 어떤 한 줄을 남길 것인가?

참고문헌

1   최인수&윤덕환&채선애&송으뜸, (2019),《2020 트렌드 모니터: 대중을 읽고 기획하는 힘》, 시크릿하우스.

2   https://www.careet.net/1153

3   Hoch, S. J., (2002), 'Product experience is seductive', 〈*Journal of consumer research*〉, *29*(3), pp. 448-454.

4   댄 애리얼리& 제프 크라이슬러, (2023),《부의 감각》(이경식 역), 청림출판, p. 272.

5   마우로 기옌, (2023),《멀티제너레이션, 대전환의 시작: 인구 충격과 맞바꿀 새로운 부의 공식》(이충호 역), 리더스북.

6   https://www.adweek.com/brand-marketing/forget-habits-preferences-and-demographics-tap-into-consumer-modes/

7   서울연구원, (2023), '2022년 2차 서울청년패널조사 기초분석보고서', 서울청년패널조사.

경험수집가의 시대

8 https://kosis.kr/index/index.do https://www.index.go.kr/unity/potal/indicator/IndexInfo.do?cdNo=2&clasCd=12&idxCd=H0006&upCd=202

9 Huang, M. H., & Rust, R. T., (2024), 'The caring machine: Feeling AI for customer care'. 〈Journal of Marketing〉, 88 (5), pp. 1-23.

10 곽영식, (2017), 《창업을 위해 미학에서 배우는 신상품개발(2판)》 [eBook], 피앤씨미디어.

11 Holz, H. F., Becker, M., Blut, M., & Paluch, S., (2024), 'Eliminating customer experience pain points in complex customer journeys through smart service solutions', 〈Psychology & Marketing〉, 41(3), pp. 592-609.

12 Heath, C., & Heath, D.,(2017), 《The power of moments: Why certain experiences have extraordinary impact》, Random House.

13 Solomon, M., Russell-Bennett, R., & Previte, J., (2012), 《Consumer behaviour》, Pearson Higher Education AU.

14 Kotler, P., & Armstrong, G., (2007), 《Principles of marketing》 (12th ed.), Pearson Education.

15 Keinan, A., & Kivetz, R., (2011), 'Productivity orientation and the consumption of collectable experiences', 〈Journal of consumer research〉, 37(6), pp. 935-950.

의미, 재미, 상징을 수집하는 새로운 소비 인류

경험수집가의 시대

1판 1쇄 인쇄 2026년 3월 18일
1판 1쇄 발행 2026년 3월 25일

지은이 송수진
펴낸이 고병욱

기획편집1실장 윤현주　**기획편집** 신민희
마케팅 안선욱 황혜리 황예린 권묘정 이보슬　**디자인** 공희 백은주
제작 김기창　**관리** 주동은　**경영지원** 노재경 송민진

펴낸곳 청림출판(주)
등록 제2023-000081호

본사 04799 서울시 성동구 아차산로17길 49 1010호 청림출판(주)
제2사옥 10881 경기도 파주시 회동길 173 청림아트스페이스
전화 02-546-4341　**팩스** 02-546-8053

홈페이지 www.chungrim.com　**이메일** cr1@chungrim.com
인스타그램 @chungrimbooks　**블로그** blog.naver.com/chungrimpub
페이스북 www.facebook.com/chungrimpub

ⓒ 송수진, 2026

ISBN 978-89-352-1507-2 03320